中小学生
安全教育手册

高红勤 / 编著

中国华侨出版社
·北京·

图书在版编目（CIP）数据

中小学生安全教育手册/高红勤编著.－－北京：中国华侨出版社，2024.2
ISBN 978-7-5113-9177-3

Ⅰ.①中… Ⅱ.①高… Ⅲ.①安全教育—中小学—教学参考资料 Ⅳ.①G634.203

中国国家版本馆CIP数据核字（2023）第244970号

中小学生安全教育手册

编　　著：	高红勤
出 版 人：	杨伯勋
责任编辑：	黄振华
封面设计：	何洁薇
经　　销：	新华书店
开　　本：	710mm×1000mm　1/16开　印张：6.5　字数：74千字
印　　刷：	艺通印刷（天津）有限公司
版　　次：	2024年2月第1版
印　　次：	2024年2月第1次印刷
书　　号：	ISBN 978-7-5113-9177-3
定　　价：	29.80元

中国华侨出版社　北京市朝阳区西坝河东里77号楼底商5号　邮编：100028
发行部：（010）64443051　　传　真：（010）64439708
网　　址：http://www.oveaschin.com　　E-mail：oveaschin@sina.com

如发现印装质量问题，影响阅读，请与印刷厂联系调换。

前 言

　　中小学生的健康安全是全社会的共同愿望，而意外伤害始终是威胁中小学生人身安全的最大隐患。国内权威机构公布的统计数据显示，我国14岁以下儿童每年由于意外伤害导致死亡的人数已超过其他各种疾病的死亡人数，占儿童总死亡人数的31.3%。事实上，其中约有80%的伤亡是可以避免的。很多中小学生是因为自身缺乏安全知识和没有安全意识才失去了宝贵的生命，这一事实让我们痛心。本书的主要目的是让中小学生意识到安全知识的重要性，积极学习生活中的安全常识，增强安全防范意识，减少中小学生自身安全知识缺乏造成的意外事故伤害。

　　牢记居家安全，守护温馨的港湾。家是为中小学生遮风挡雨的港湾，为营造安全的居家环境，中小学生需要掌握用电知识，学会安全用电；安全使用煤气、刀具；注意饮食卫生，谨防食物中毒；等等。

　　遵守交通秩序，守护你我生命。在走路上学的路上、骑车上学的途中，公交车、火车、地铁、飞机、轮船上，都有可能发生交通事故。中小学生在出行的过程中，应当遵守交通法规，不闯红灯、不横过马路、不危险骑行、车内不打闹、听从交警指挥。

　　维护公共安全，保护自我。中小学生每天都出入公共场所，学校、商场、超市、体育馆等都属于公共场所。中小学生在公共场所时，除了要自觉维护公共场所秩序，了解公共场所安全常识，还应当远离"三色污染"，学会应对罪犯的技巧，掌握传染病常识，注重食品安全，不购买"三无食品"。

绿色上网，掌握网络使用的主动权。随着互联网的普及，中小学生也早已习惯使用互联网进行学习、交流。互联网是一把"双刃剑"，一旦中小学生经不住诱惑，无法牢牢抓住互联网的主动权，就有可能给自身带来伤害。因此，中小学生在使用互联网的过程中，应当自觉抵制不良网站诱惑，不沉迷，不网恋，科学防范网络病毒，积极防范网络陷阱，自觉维护网络秩序。

除此之外，校园安全、预防溺水、消防安全和自然灾害应对，也是中小学生需要学习和掌握的安全知识。

本书围绕居家安全、校园安全、交通安全、预防溺水、消防安全、公共安全、网络安全、自然灾害预防八个主题，通过"案例+理论"结合的方式，突出安全的重要性，向中小学生介绍了一些基本的、有效的自护自救常识，提供了预防和应对各种危险的措施和建议。全书语言通俗易懂，结构简单明晰，条理清楚。本书属于中小学生安全读物，也可供广大家长、老师参考。

希望本书所介绍的安全常识以及应对措施，能够给中小学生带来实质性的帮助！衷心希望广大中小学生能够健康快乐地成长！

目录

第一章　居家安全，守护温馨的港湾
001　安全用电知多少 …… 2
002　居家要防止煤气泄漏 …… 4
003　家庭用具的安全使用 …… 6
004　注意饮食卫生，谨防食物中毒 …… 9

第二章　校园安全，打造读书的净土
001　实验课上的安全常识 …… 14
002　在学校劳动中的安全注意事项 …… 17
003　防止校园拥挤踩踏事件 …… 19
004　体育活动安全须牢记 …… 22

第三章　交通安全，关乎你我的生命
001　遵守交通法规，让安全伴你我出行 …… 26
002　杜绝危险骑行，确保安全快捷 …… 29
003　乘坐公交车、汽车的安全知识 …… 31
004　乘坐火车（地铁）的安全知识 …… 33

第四章　预防溺水，安全防范有办法
001　关于溺水的基本知识 …… 38
002　掌握不会游泳时的自救方法 …… 40
003　水中抽筋的自救方法 …… 42
004　水草缠脚的自救办法 …… 44
005　未成年人不要盲目营救遇险伙伴 …… 46

第五章　消防安全，水火无情人有情

- 001　火灾初起的灭火基本原则 ……………………………… 50
- 002　常见的火灾逃生误区 …………………………………… 52
- 003　身上着火了怎么办 ……………………………………… 54
- 004　被火灾困在房间内的自救 ……………………………… 55
- 005　危险当前，不要乘坐电梯 ……………………………… 57

第六章　公共安全，创造安心大家庭

- 001　中小学生要远离"三色污染" …………………………… 60
- 002　遇到罪犯要学会自救 …………………………………… 62
- 003　公共场所活动的安全常识 ……………………………… 64
- 004　解读标识，重视食品安全 ……………………………… 67

第七章　网络安全，建设绿色网络世界

- 001　善用网络学习，沉沦网瘾误己 ………………………… 72
- 002　警惕网络攻击，防范网络陷阱 ………………………… 75
- 003　虚拟世界交友，谨防上当受骗 ………………………… 78
- 004　科学使用手机，防止木马病毒 ………………………… 80
- 005　从网恋回到现实世界 …………………………………… 84

第八章　自然灾害，提前预防是关键

- 001　关注预报提示，防范雷电天气 ………………………… 88
- 002　洪水来临时的自我保护措施 …………………………… 91
- 003　大雪来临时，要科学防冻 ……………………………… 94
- 004　沙尘暴袭来时的防护措施 ……………………………… 96

第一章
居家安全，守护温馨的港湾

　　家，是同学们的避风港，如何守护自己的家，使其成为温馨的港湾，是一件关乎同学们及家人生活、生命的大事，需要同学们认真对待。本章会教给同学们如何安全用电，以免发生起火、触电危险；如何防止煤气泄漏，遇上煤气泄漏该怎么办；如何正确使用家庭用具；如何避免食物中毒；等等。

001 安全用电知多少

电能是当今社会不可或缺的能源之一,它广泛应用于人类生产、生活的方方面面。电能可以提高人类的生产能力,给人类创造财富,使人类的生活更加方便、快捷、高效。作为一名中小学生,我们每天看着电视、玩着手机、用着热水器、喝着饮水机里的开水,时刻都离不开电。然而,电能在带给同学们方便的同时,也会给大家带来危害。因此,同学们要掌握基本的电器知识和用电常识。

中学生小楠有一边玩手机一边充电的习惯,她总是把手机充电器插在床头的插座上,这样可以直接把数据线搁在床上,方便边玩手机边充电。一天,她像往常一样,拔下手机就去上学了,等她晚上放学回来,父母告诉她,因为手机充电器没拔,她的房间起火了。幸运的是,她的爷爷早晨锻炼回来得早,才没有造成更大的损失。而中学生张某就没有这么幸运了,他洗完衣服后,不小心把手放在了头顶的电线上,结果触电身亡。

每一个血淋淋的教训都在给同学们敲警钟:安全用电、科学用电,否则后果不堪设想。每年都有不少中小学生因不安全用电导致触电伤亡或引发火灾的案例。中小学生要明白居家用电可能会发生危险,牢记居家用电的一些安全常识。

居家用电可能会发生以下危险:

1. 火灾。同时使用多个大功率电器、出门未断电、停电时未拔家电插头、家电附近放置易燃易爆物品、一边充电一边玩手机等都可能引发火灾。

2. 触电。湿手触开关、徒手检查电源、电线上放置湿衣服、电线漏电、电器漏电等都可能造成触电现象。

中小学生在平常的生活中，要牢记安全用电常识：

1. 远离插座、电线、灯头、开关等易触电物品。不要因为好玩，把手、金属物、铅笔芯等插到插座孔里，也不能用这些东西去拨弄开关；不要爬电线杆或摇晃电线杆。

2. 远离输电设备。中小学生不能因为好奇，跑到高压输电设备、配电室、学校总电房等危险区域玩耍，不能在高压线附近放风筝。

3. 不在电线上晾衣服。中小学生洗完衣服后，不能直接挂在或者晾晒在电线上，而且挂衣服的铁丝也不能靠近电线。

4. 触电救助要小心。中小学生在日常生活中，若发现有人触电，千万不能用手去拿触电者身上的电线，应该立即切断电源，然后拨打"120"急救电话，大声呼叫求救；如果电源无法切断，切不可盲目救助，要站在干燥的木板上，用干燥的木棍、竹竿去挑开触电者身上的电线。

5. 家用电器勿挪动。一般来说，家里的各种电器都被父母放置在固定的地方，中小学生不能为了使用方便，擅自挪动电器位置。尤其是正在运行的电器，在未断电的情况下，千万不能挪动。

6. 湿手不能碰电器。中小学生不能用湿抹布去擦拭未关的台灯，不能用潮湿的手去开开关、摸电源、拔插头，不能在插座附近喝饮料。

7. 不超负荷用电，以防引发火灾。微波炉、电烤箱、电饭锅、空调等大容量用电设备应使用专用线路。

8. 人走电断。中小学生在使用家用电器时，不能离场；手机充电完毕后，要及时拔出充电器；出门时要关闭各种插头的电源，养成良好的用电习惯。

9. 远离易燃易爆物品。家用电器应当远离易燃易爆物品，如酒精、烟花、床铺、纸等。

10. 不要贪便宜购买使用假冒伪劣电器、电线、线槽（管）、开关、插头、插座等，要选用合格的电器产品。

11. 对规定必须接地的用电器具的金属外壳要做好接地保护，不要忘记给三眼插座、插座盒安装接地线；不要随意将三眼插头改为两眼插头。

12. 不要违反规定私拉乱接用电线路和用电设备，切忌带电移动、维修设备，禁止使用地爬线、破皮线、拦腰线等不合格的用电设备。

002 居家要防止煤气泄漏

家里燃气、液化气、煤气使用起来干净、快捷，给我们生活带来了很多的便利。一旦使用不当，可能会给人们带来灾难。每年都会有很多关于煤气泄漏引发煤气中毒、火灾等事故的新闻报道。因此，中小学生在日常生活中，应当掌握一些有关煤气的基本常识，学会应对煤气泄漏的技巧。这样，当遇到煤气泄漏事件，就能沉着应对，减少伤害。

一天半夜，家人都睡着了。正在写作业的中学生小洋感到口渴，就打开煤气灶烧水，因太过困倦，还未等水烧开，他就趴在书桌上睡着了。第二天凌晨三点，家长发现有异常，起床看见家中厨房全是烟雾，紧急拨打消防电话。好在消防人员及时赶到现场，才避免了火灾的发生。但是，家里水壶已被烧化，煤气灶也被烧坏，煤气胶皮管全被烧掉，整个屋子都弥漫着一股烧焦的味道。

2020年12月1日至2021年1月15日,在这46天时间里,东莞24家医院收治了278名煤气中毒患者,其中18(含18)岁以下的共88人,绝大部分是学生,占了近三成。

五年级学生小易放学回家闻到了煤气的味道,他认为这是门窗紧闭不通风所致,当时就没多想。他放下书包,准备看电视。刚接通电源,一团火扑面而来,小易瞬间被烧成了火人。

中学生张某跟爷爷奶奶在老家生活,南方冬天天气寒冷潮湿,张某在睡觉前总是把门窗紧闭,有时候还会在卧室采用火炉取暖。有一天,爷爷奶奶发现张某没有起床上学,在卧室门口喊没人应答,于是破门而入,迎面扑来一股浓烈的煤气味道。爷爷知道事情不妙,冲到孙子床前,发现孙子的身体早已冰凉了。

案例中的惨剧让人痛心,我们唯一能做的就是避免此类事故发生在自己及家人身上,保护自己及家人。因此,我们要了解并熟记煤气使用的注意事项,明白遇到煤气泄漏该怎么处理。

在使用煤气的过程中,应当注意:

1. 关紧开关。中小学生在使用完煤气时,要及时关紧开关,以防煤气继续往外泄漏,导致煤气中毒。

2. 远离易燃易爆物品。煤气周围禁止放置易燃易爆物品,如打火机、汽油、纸张等,防止引发火灾。

3. 使用煤气时,不要随意离开。中小学生在做饭、烧水等使用煤气的过程中,不要擅自离开,以防发生火灾或水把火浇灭,产生大量一氧化碳。

4. 经常检查煤气设施。接口、胶管、球阀、煤气表、灶具连接处等都是容易漏气的地方，如若发现漏气情况，千万不要使用，应该及时告诉父母，找人检查修理。

如果同学们发现煤气泄漏，应该怎么办呢？

1. 立即关闭开关。中小学生在使用煤气的过程中，若是发现煤气泄漏，应立即关闭燃具开关，关掉煤气总阀门。

2. 禁止使用电器、开灯点火。中小学生发现煤气泄漏时，不能打开或关闭任何电器，如抽油烟机等；不能开灯或借助手电筒、打火机等查找漏点。

3. 开窗通风。当煤气泄漏时，要把家里的所有门窗全部打开，让空气流通，然后立即离开漏气场所，并及时告知家长。

4. 保持呼吸通畅。中小学生在煤气泄漏之后，感到轻微的煤气中毒，如出现头晕、四肢无力、心跳加快等症状时，应走到室外呼吸新鲜空气；症状比较严重，如心律不齐、意识模糊、牙关紧咬等，要立即拨打"120"急救中心电话求救，然后把衣服扣子解开，清除口鼻分泌物，保持呼吸通畅。

003 家庭用具的安全使用

为提高生活质量，减少做家务的时间和体力，很多家庭添置了许多家庭用具。然而，很多中小学生会因为好奇或不规范地使用家庭用具，而引发火灾或者意外伤害事故。

小学生张某趁母亲不注意时，把厨房里的水果刀拿到客厅玩耍，弟弟看到之后很好奇，与其争夺，在两人你争我抢时，张某把弟弟的手指划伤。

王某是小学三年级的学生,与爷爷奶奶生活在乡下。天气寒冷,爷爷奶奶担心她晚上睡不着,便给她加了电热毯,并告诉她睡前先加热,睡后调成睡眠模式。但王某总是觉得冷,一整晚都把电热毯开着,久而久之,爷爷奶奶也不再说她了。有一天晚上,王某觉得热极了,睁开眼时发现床头起火了,她吓得立刻大叫起来,爷爷奶奶闻声赶来,立刻断开了电源,才未使大火蔓延。

中学生小明很喜欢用吹风机吹湿衣服,一次,他想用吹风机吹干一件冬天的厚衣服,可是吹了好久,衣服还是很湿。于是他把衣服平铺在桌子上,把吹风机放在桌子上吹。他不知不觉地趴在桌子上睡着了,醒来后闻到了一股烤煳的味道,原来衣服早已被烧了个大窟窿。

中学生肖某,有一天在家中煮面条时忽然停电。他没关上电磁炉就进了自己的卧室。没过多久,他闻到一股烧焦的味道,打开卧室门一看,厨房充满了烟雾。

刀具、电器既是每个家庭的必备用具，也是危险用具，一旦不小心，就会给同学们带来生命财产损失。中小学生好奇心强，看到新鲜的玩意儿有时候总想去摸一摸、用一用。但是，有些家庭用具应该在父母的监督下使用，不应该在不知道操作方法的情况下单独操作，以免引发事故。中小学生应该了解各种家庭用具的用途，并且学会正确、安全地使用它们。

1. 厨房用具小心使用。厨房用具包括锅、碗、瓢、盆、刀、微波炉、电磁炉、蒸锅、高压锅、电饭锅等。其中刀、电磁炉、微波炉、高压锅等都是具有一定危险性的厨房用具，使用厨房用具时要格外小心。比如，使用刀具要小心被刀切伤，用完后要将其放在安全位置；洗碗时，要将碗拿稳放平；不要往玻璃杯里倒开水，防止玻璃炸裂，造成烫伤；不要拿着水果刀打闹；不要随手把小刀扔在沙发或床上；关闭火源后不能马上揭开高压锅的盖子，也不能拨弄高压锅上的压力阀。

2. 家用电器安全使用。家用电器包括电视机、洗衣机、冰箱、电热毯、电风扇、空调器、加湿器、吸尘器、电熨斗、电吹风、电动剃须刀等。大多数家用电器需要借助电才能工作。中小学生在使用家用电器的过程中，要注意用电安全。第一次使用电饭锅、电磁炉、高压锅时需有人指导；每次用完后必须立即切断电源；如果在使用电器的中途遇上停电，要记得拔插头；用电器加热食物或煮饭的过程中，不能中途离开。

3. 玩耍时远离危险区。一般家里除厨房用具、家用电器外，还会添置一些家具，如沙发、茶几、衣橱、鞋柜、壁橱、写字台灯、电脑桌等。中小学生好动、爱玩，难免会在家里奔跑打闹。同学们在玩的时候一定要远离厨房、茶几、橱柜等家具，还要远离电源，以防不小心磕伤、烫伤、触电。

4.床上用品、卫浴用具要干净、整洁。枕头、被褥、被罩、床单、凉席、电热毯、蚊帐等属于床上用品，毛巾、肥皂、太阳能热水器、浴霸、洗头液、沐浴液、浴缸等是卫浴用品，可以直接接触我们的皮肤。中小学生在使用的过程中，除了要注意安全，还要注意保持这些用具的干净、整洁。

5.出门前检查所有电源是否关闭。中小学生出门前，应养成良好的习惯，检查家中所有电源是否关闭，所有插头是否断开。比如，是否拔了充电器，是否关闭了热水器，饮水机电源是否断开等。

004 注意饮食卫生，谨防食物中毒

中小学生正是长身体的时候，每天都会摄入不同种类的、大量的食物，有水果、蔬菜、肉类、牛奶等，稍不小心可能会引发食物中毒，轻则腹泻、呕吐，重则中毒身亡。因此，中小学生应当增强食品安全意识，学习饮食安全常识，谨防食物中毒。

中学生张某在家尝试自己做豆角焖面，吃完之后出现拉肚子、呕吐等现象，检查后发现原来自己没有将豆角焖熟，导致食物中毒。

中学生宁某与朋友相约去农场采摘草莓，看到一颗颗又大又红的草莓时，他们馋得流口水，一边摘一边往自己嘴里塞。回家之后，宁某就不停地拉肚子，吃药也不管用，母亲不得不带他去医院检查。检查后发现原来他先前吃的草莓没有洗，草莓上还有残留的农药，导致食物中毒。

小学生张某与同学去爬山，中途觉得口渴。这时，他们发现了一条河，张某见河水清澈见底，看不到杂物，便用手捧着喝了一口。不一会儿，张某便开始腹部疼痛，紧接着拉肚子，同学们看他情况不对，立刻背着他下山去医院了，并把事情的来龙去脉告诉了医生。后经诊断，才发现张某喝的那条清澈的河水里面含有很多的细菌，该河流其实早就被有毒物品污染了。

2021年11月23日，河南封丘县赵岗戚城中学30余名学生吃了学校提供的营养午餐后，出现集体呕吐、腹泻，引起社会强烈关注。

中小学生大都知道发芽的土豆、野生的蘑菇、未熟的豆角、变质腐烂的食物有可能导致食物中毒，但是他们不知道新鲜的水果、蔬菜，未烧开的水也可能会引发食物中毒。因此，中小学生要时刻牢记"病从口入"，在日常生活中应当养成良好的饮食卫生习惯，预防食物中毒，应做到以下几点：

1. 管好双手。除饭前便后多洗手外，还需注意不用手抓食物吃，不在吃饭、喝饮料的时候弄头发、挠痒，要勤剪指甲。

2. 注意饮水。中小学生应当多喝开水，少喝可乐、橙汁、雪碧等含有色素、防腐剂的饮料，不喝生水或不洁净的水。

3. 不食未洗净的瓜果蔬菜。新鲜的瓜果蔬菜难免会遗留农药、杀虫剂等，而且其在生长的过程中，会沾染病菌、病毒、寄生虫卵，若是不洗净直接吃，可能会染上疾病或者造成农药中毒。

4. 不食不明食品。不吃"三无食品"（无生产日期、无质量合格证、无生产厂家）；不去无卫生许可证和无营业执照的餐厅吃饭；不吃来路不明、保质期不清的食品。

5. 剩菜剩饭需高温加热。剩菜剩饭必须高温彻底加热；发酸、变苦、散发异味的剩菜不能吃；隔夜的海鲜不能吃。

6. 不熟的豆类食物不吃。未煮熟的扁豆、四季豆、荷兰豆、油豆等食物有毒，不能吃。未煮沸的豆浆也有毒，不能喝。

7. 不食发芽变绿的土豆。发芽变绿的土豆中含有龙葵素，食用之后会使人中毒。

8. 不食野生蘑菇。野菜、野果、野蘑菇的种类很多，很难辨别哪些有毒、哪些能吃。对于毫无经验的中小学生来说，更不能随便吃。

如果中小学生不小心食物中毒，应当采取以下紧急措施：

1. 采用紧急催吐的方法尽快排出有毒食物。中小学生在食用可疑食物，出现头晕、呕吐、腹痛等不适现象时，应立即采用指压咽喉或者其他催吐方法，尽快排出有毒食物，并去医院接受治疗。

2. 去医院。喝生水、食用未洗净的瓜果蔬菜、未熟豆角等造成身体不适时，应立即告知父母，让父母陪同去医院检查，谨防中毒身亡。

第二章
校园安全，打造读书的净土

　　构建一个安全的校园环境，打造一片读书的净土，需要同学们共同努力。本章会教给同学们实验课上的安全常识、在学校劳动中的安全注意事项、怎么防止校园拥挤踩踏事件发生、体育活动有哪些安全事项须牢记等。

001 实验课上的安全常识

实验课不仅能提高同学们的动手能力，还能增加学习的趣味性。中小学生在上实验课时，会对很多未见过的实验器材、化学药品、玻璃仪器等充满好奇，有些同学会趁老师不注意的时候打开实验药品，使用玻璃器皿，胡乱添加试剂等，这些都是很不安全的，容易造成实验事故。因此，中小学生在实验的过程中，要时刻注意安全。

2020年9月20日，上课铃响起，九年级一班的同学们跑进实验楼上实验课。物理实验课是学生们都感兴趣的课。这节课的实验内容是磁能、电能的转变，需要使用一号干电池。物理老师来到实验室后发现有五名同学（包括唐某）没有带实验用的干电池。于是，老师让唐某去校门口的商店购买10节一号电池。介绍了具体的实验操作规程及实验内容后，老师便让学生们动手操作。唐某和其他同学一样，认真地将刚刚买来的一号电池装在实验器材的电池仓里，并按照老师讲述的操作规程检查了线路及每个元件，当他认为已安装无误时，便使劲按下电源开关。就在唐某按下电源开关的一瞬间，电池仓里的两节一号电池发生爆炸，一块电池碎片击中了唐某的右眼。

2021年9月1日14时50分，四川省成都市熊猫路学校九年级二班在进行化学实验时，发生酒精外溢燃烧，造成1名教师和1名学生受伤。

其实，类似的实验事故还有很多。学校开设实验课的目的是培养同学们动手操作、观察理解等各方面的能力，并不希望同学们在实验中受到任何伤害。因此，同学们在上实验课时，除了要认真听老师讲的注意事项，还应当学习并掌握实验基本事项以及一些实验意外事故的处理方法。

中小学生在实验的过程中，要注意以下事项：

1.自觉遵守实验规章，严格按步骤操作。中小学生动手实验前要认真阅读实验的安全指导，听从老师的指导，依照老师指导或书上的步骤操作，不能擅自更改实验药品、调整实验顺序等。

2.不接触化学试剂。实验中经常用到的盐、酸、碱等化学药品，有的具有强烈的毒性、腐蚀性，有的易燃易爆。硫酸、硝酸、氢氧化钠、盐酸、氢氧化钙等有强烈的腐蚀性；重金属盐、一氧化碳等有毒性；白磷、金属钠、钾、红磷、酒精等是易燃物，这些药品都有可能伤害人体，不能直接接触。若是不小心把化学试剂洒落在桌面上，不能直接用手去擦，也不能用抹布擦，应当在老师的指导下处理或者等待老师处理。

3.规范使用玻璃器皿。烧杯、试管、容量瓶、滴管等都属于玻璃器皿，它们比较轻薄，应当轻拿轻放；使用玻璃棒进行搅拌时动作要轻、用力要均匀；对玻璃器皿进行加热时，要逐渐加热；如果玻璃器皿破碎，要及时处理干净，以防止破碎的玻璃器皿划破皮肤。

4.安全使用实验电器。电源接通时，不能连接、拆除连接电器的线路或装配零件；不能用湿手触摸电器；安装电器时，不能靠近热源和水源；使用完毕后，要及时切断电源。

5.灭火时要隔绝燃烧物和空气。实验中，若是不正确使用酒精灯或用电不规范，很容易引起燃烧事故。这时同学们要通过降温和将燃烧物与空气隔绝的方法达到灭火的目的，可以用灯帽盖灭酒精灯、切断电源、挪走易燃易爆物品或用湿抹布、石棉布、沙土灭火。一般来说，对于小火，用湿抹布、石棉布捂住燃烧物即可灭火。

中小学生在实验的过程中，难免会出现一些意外事故，如被烫伤。因此，同学们还应当掌握一些基本的实验室意外事故处理方法：

1.烧伤、烫伤。很多实验需要在高温条件下进行，这些实验都要用到酒精灯，一旦操作不当，轻则烧伤或烫伤手指，重则发生爆炸事故或引起火灾；部分化学反应非常剧烈，如高锰酸钾和甘油接触、过氧化钠和红磷接触都会立刻燃烧。因此，在实验过程中，很容易发生烧伤、烫伤事故，同学们在遇到着火烧伤皮肤时应该及时灭火，然后检查伤情，严重者要立刻去医院治疗；被烫伤时，可涂抹烫伤药。

2.割伤。实验中用到的仪器大部分是玻璃仪器，操作不当，很容易被玻璃割伤。如果在实验过程中，不小心被割伤，同学们要先清理干净伤口上的异物，再进行消毒处理，必要时应去医院。

3.酸、碱烧伤。遇到碱、酸溅到皮肤上时，要及时处理，防止皮肤受到严重腐蚀。如果碱、酸溅到眼睛里，常常几分钟就会渗透到眼睛内部，必须抓紧时间，用干净的清水反复冲洗，然后及时到医院治疗。

002 在学校劳动中的安全注意事项

为培养学生动手能力、树立劳动光荣的意识，很多学校会安排中小学生每天值日，每周进行一次大扫除，有时还会进行植树等活动。在学校劳动属于集体活动，参与的人比较多，存在一定的安全隐患，同学们稍不小心，就可能给自己或他人带来伤害。因此，中小学生在劳动的过程中，要注意安全，避免事故发生。

为迎接某位领导的到来，某小学举行了全校大扫除。张某与几个同学一起去学校旁边的河里打水，不慎跌入水中。教师闻讯赶来，却未在河里找到张某，之后，张某的尸体在河的下游被找到。

南方某中学每周都会举行一次大扫除，在一次大扫除时，在教学楼下捡拾垃圾的王某被楼上掉下的花盆砸中头顶，当场晕倒。

有一天，中学生王某正在值日，他踩在教室门后的凳子上擦拭门头上的玻璃，忽然门被推开，王某从凳子上摔了下来，头磕在黑板前的台阶上，血流不止。

二年级的学生张某在一次大扫除中，一边往后退一边打扫楼梯，结果不小心踩空，摔下楼梯，导致胳膊脱臼、左脚受伤。

北京某小学组织学生参加校园锄草活动，同学们有的用锄头、有的用镰刀、有的用铁锹除草。忽然，一名男同学大叫了一声，大家赶紧围了过去，看到该同学小腿上被划了一道伤口，鲜血染红了裤脚。原来，有一名同学想铲除一丛杂草，但因用力过猛，铁锹甩了出去，正好碰到该同学的小腿。

其实，像案例中出现的意外事故，只要大家稍微掌握一些安全常识，还是完全可以避免的。中小学生在参加学校劳动的过程中，应该牢记一些注意事项：

1. 注意窗台的花盆，不往窗外扔东西。一般学校大扫除时，楼上楼下会集体行动。打扫楼上的同学千万不能往楼下扔东西，以免砸伤楼下的同学；楼下打扫的同学要快速清扫，不要在楼下尤其是玻璃窗下久站。

2. 擦拭物品时要注意安全。擦门时，同学们需要把门插上，以免有人推门进来，把自己撞伤；擦玻璃时，不要站在窗台上擦，以免摔伤，若是有够不着的地方，可以用专门擦玻璃的器皿；擦灯管时要把开关关上；擦电扇时要把插头拔下；擦挂画、高处物品时，要站在桌子上，而不是凳子上，防止摔伤。

3. 专用教室物品不乱动。中小学生在打扫化学、物理、生物实验室时，对不熟悉的物品不要随便动。

4. 注意左右的同学。像植树、拔草这种需要铁锹、镰刀等危险工具的活动，劳动时要特别注意左右的同学。如果别的同学在用锄头等工具，自己离得远一点，不能挨得太近。

5. 清理学校门口时，要注意来往车辆，不能只顾打扫。

6. 清扫台阶时，要注意脚下，防止踩空，导致摔伤。

7. 打扫时要注意玻璃碎片、别针、图钉等容易扎伤自己的物品。

8. 劳动时不应嬉戏打闹。在学校集体劳动时，不能嬉戏打闹；即使劳动休息或者结束时，也不能用劳动工具相互打闹。

9. 没有打扫任务的同学，应主动远离打扫区域，自觉避让打扫卫生的同学。

003 防止校园拥挤踩踏事件

我们沐浴着明媚的阳光走进校园,美好的一天开始了。生活在学习氛围浓厚的校园内,我们是否有足够的安全防范意识呢?校园是我们学习、成长的乐土,中小学生生活的大部分时间在校园。但是校园踩踏等安全事件频发,给我们敲响了校园安全的警钟。是的,安全重于泰山,它历来是个人、家庭、集体、社会最基本的底线,是个人享受生活和集体保持稳定的重要保障。

2010年11月29日,新疆阿克苏市第五小学发生踩踏事故,41名学生受伤。

2012年11月28日,湖南长沙芙蓉区育英第二小学发生意外踩踏事故,30余名学生受伤。

2013年4月17日,广东深圳龙华街道书香小学组织661名小学生前往罗湖区一家儿童体验中心拓展训练,10余名学生在乘坐手扶滚梯时发生踩踏和碰撞事故,9名学生受伤。

2014年9月26日14时30分,云南省昆明市盘龙区明通小学发生踩踏事故,造成6名学生死亡、26人受伤。

2017年3月22日上午8点半左右,河南省濮阳县第三实验小学的学生上厕所时发生意外踩踏事故。事故共造成22名学生受伤,其中1人在送往医院途中死亡,5人重伤。

2018年10月29日,四川南充市南部县建兴镇小学在放学时间发生一起踩踏事故,几名学生被踩,其中1名学生受轻伤。

年轻、鲜活的生命因这些事故而凋零,很多家庭遭受了灭顶之灾。我们在哀伤、悲痛的同时,要敲响校园安全的警钟。不仅如此,我们还要了解踩踏灾难事故发生的原因，掌握预防和脱困的方法，以避免悲剧再次发生。

校园是人群密集的地方，人多的时候很容易发生意外，综合来讲，校园踩踏事故频发的主要原因有以下几点：

1. 前面有人摔倒，后面人未留意，没有止步，导致踩踏。

2. 事故多发生在放学、集会或就餐之时，学生相对集中，且心情急迫。

3. 事故发生地点多在楼层间的楼梯拐弯处。在上下楼梯时，故意拥挤、起哄、恶作剧、打闹、推搡、突然停留和开玩笑等，特别是在人多时，如有上述情况发生，很容易发生踩踏事故。

4. 学生不易控制自己的情绪，遇事慌乱，常常出现拥挤、大喊大叫的现象，人群受到惊吓，产生恐慌，局面失控，在无组织、无目的的逃生中，发生相互拥挤、踩踏。

5. 学生不善于自我保护，在拥挤时或弯腰拾物时容易被挤倒，或者被撞倒、绊倒，造成踩踏事故。

当我们面对拥挤的人群时，要注意以下几点：

1. 当发现拥挤的人群朝着自己正面涌来时，及时躲避，切不可逆流而行，否则容易被撞倒。

2. 如果陷入拥挤的人群中，首先要稳住双脚，远离有玻璃窗的地方，避免被玻璃碴儿割破、扎伤。

3. 遇到拥挤的人群时，要避免体位前倾或低重心的姿势，即便鞋子被踩掉，也不要贸然弯腰提鞋或系鞋带。要避免被绊倒，避免自己成为拥挤踩踏事故的诱因。

4. 抓住身边牢固的东西，如栏杆等。等人群过去之后，迅速而镇定地离开现场。

5. 如果发现前面有人突然摔倒，要马上停住脚步，并大声呼救，告知后面的人不要向前靠近。

6. 如果身陷人群被推倒，要设法靠近墙壁、面向墙壁，身体蜷缩成球状，两手十指交叉相扣护住后脑和颈部，手肘向前护住双侧太阳穴，保护身体最脆弱的部位；双膝尽量前屈，保护胸腔和腹腔中的重要脏器。

7. 身陷拥挤的人群中，左手握拳，右手握住左手手腕，双肘尽量撑开平放于胸前，形成一定呼吸空间。

当我们处于空间有限而人群又相对集中的场所时，如球场、狭窄的街道、室内通道或楼梯等地方时，很容易发生踩踏事故。人群的情绪如果因为某种原因而变得过于激动，置身其中的人就可能受到伤害。预防踩踏事件发生，我们应当做到以下几点：

1. 举止文明，人多的时候不拥挤、不起哄、不制造紧张或恐慌气氛。

2. 发现不文明的行为，要敢于劝阻和制止。

3. 应顺着人流走，切不可逆着人流前进；否则很容易被人流推倒。

4. 遇到拥挤的人群时选择到人群边缘。在拥挤的人群中，要时刻保持警惕，当发现有人情绪不稳定或人群骚动时，要做好保护自己的准备。

004 体育活动安全须牢记

如果中小学生在上体育课时忽视安全,很可能会发生意外伤害事故,影响自身的学习、健康与生活,甚至造成终身的残疾。在体育课上,中小学生应按照老师的要求进行运动。

某学校的中学生刘力特别喜欢上体育课,总想显示自己的体育天赋。体育课上,老师组织同学们进行器械训练,要求学生不能自己使用器械,使用时必须有人保护。刘力觉得老师的话多余,就趁老师不注意时,自己跳上器械。因为担心被老师发现,做动作时精力不集中,刘力突然从器械上摔了下来,腹部着地,造成脾脏外伤性破裂。

在上体育课期间,某学校五年级的学生岚岚跳越木马时不幸发生事故。当时体育老师正在指导同学们如何跳越木马,但是岚岚没有听老师的指挥,没有学习正确的跳越姿势,结果不小心落到地上,造成左前臂桡骨骨折,需住院治疗一周,并进行复位、钢板螺钉内固定术等手术。

2017年3月28日下午体育课上,广东省深圳市福田区景莲小学五年级二班的学生在进行分组接力比赛时,小李偏离了规定方向,与提前抢跑的小史相撞,导致小李摔倒并骨折。

很多体育活动有一定危险性,中小学生必须认真执行体育老师的规定,务必做到不违规、不逞能,不违反规定盲目练习器械,不在不适合的时间段进行投掷等危险的动作。

第二章 校园安全，打造读书的净土

同学们进行体育活动时，应当牢记以下事项：

1. 进行跳远时，中小学生必须严格按照老师的要求起跳、助跑。起跳后要落入沙坑之中，起跳前脚要踏着木制的起跳板。这不仅是保护身体安全的必要措施，也是跳远训练的技术要领。

2. 进行短跑等项目时，中小学生不能跑错跑道，要按照规定的跑道进行。这不仅是安全的保障，也是竞赛的要求。特别是在即将冲刺到终点时，更要遵守规则，因为这时人的精力高度集中在竞技之中，思想上毫无戒备，身体的冲力很大，一旦摔倒，就可能会造成意外伤害。

3. 参加足球、篮球等项目的训练时，不要在争抢中伤及他人，要学会保护自己。在这些激烈争抢的运动中，自觉遵守竞赛规则才能保障安全。

4. 进行跳箱、跳马等训练时，器械后要有保护垫，器械前要有跳板，同时要有同学和老师在器械旁站立保护。

5. 在参加投掷训练时，一定要按照老师的口令进行，如铅球、铁饼、标枪等，不能有丝毫的马虎。这些体育器材有的沉重坚硬，有的前端装有尖锐的金属头，如果擅自行事，就有可能自己被击中或者击中他人，造成身体伤害，甚至危及生命安全。

6. 在参加单杠、跳高和双杠训练时，器械下面必须准备好符合要求、厚度适合的垫子，如果直接跳到坚硬的地面上，会伤及后脑或腿部关节。做双杠、单杠动作时，要采取各种有效的方法，使双手握双杠时不打滑，避免从杠上摔下来，造成身体受伤。

7. 做俯卧撑、仰卧起坐、前后滚翻等垫上运动项目时，不能打闹，要严肃认真，以免发生扭伤。

第三章
交通安全，关乎你我的生命

　　自行车、公交车、地铁、火车、飞机、轮船等都是中小学生生活中常见的交通工具。但是，交通事故却夺去了不少年轻的生命。本章将教给同学们遵守交通法规的重要性，乘坐各种交通工具的安全知识、注意事项及要求等。

001 遵守交通法规，让安全伴你我出行

社会经济迅速发展，人民生活水平不断提高，我国掀起了一股购车热潮。买车是为了方便，家人生病时及时送医院，外出购物时省时省力，等等。然而，交通事故夺走了很多宝贵的生命，给原本幸福的家庭带来了痛苦。因此，中小学生应当养成良好的交通习惯，遵守道路交通法规，努力做到"安全出行，幸福一生"！

六年级的张某和杨某是好朋友，两家离得不远，两人总是一起乘坐公交车上下学。等公交车时，张某总是排队候车，而杨某总是喜欢到处乱跑。等公交车来后，杨某经常插队挤上车；下车时，杨某从不看来往车辆，不等红绿灯，直接往马路对面跑。有一天一下车，杨某就往马路对面跑，这时一辆私家车正驶过来，朝杨某撞去，张某看到后立即拉住了杨某，这才避免了悲剧的发生。从那之后，杨某再也不

敢乱穿马路了。

某中学门口有红绿灯，因道路比较宽，很多学生要等两次红绿灯才能穿过马路。有一天放学后，三年级的肖某和好友梁某过马路，发现绿灯即将过去，两人相互对视一眼后就手拉手往对面跑。他们只顾往前跑，忽视了来往车辆。突然，他们的右手边出现了一辆机动车，两人来不及闪躲，机动车驾驶员来不及刹车，事故发生了。他们一个磕破了腿，一个摔伤了手臂。

为疏解学校门口人流，某市取消了某学校门口的红绿灯，并把学校门口的道路改成单行道，在离学校300米的地方搭建了过街天桥。然而很多同学因为习惯了直穿马路，不愿意往前走300米过天桥，总是违反交通规则，翻越马路中间的护栏、横穿马路。一天，一名四年级的学生在翻越护栏时，因为没抓稳，再加上身高不够，从护栏上摔了下来。虽然迎面而来的车辆紧急刹车，未造成人员伤亡，但却造成了四辆车追尾，引发了严重的交通事故。

很多中小学生交通安全意识不强，当他们看见别人不遵守交通法规，而且还没发生任何事故的时候，就难免会去模仿。然而，生命仅有一次，中小学生千万不能拿自己的生命来开玩笑。

中小学生应当从小养成文明出行的意识，要让交通法规在心中生根。

中小学生在出行的过程中，要牢记以下几点：

1. 自觉了解、掌握、遵守交通法规，热爱生命。交通安全不仅关系中小学生自身安全，还关系路上出行的千千万万人，更关乎千千万万个家庭的幸福。在交通日趋繁忙的现代社会，中小学生应当尽可能多地了解和掌握相关的交通法律法规，要将其牢记在心，坚决按照法规的要求去做。

此外，在自身遵守交通法规的同时，要将这个意识向周围其他人进行宣传，号召大家遵守交通法规，做自己生命的主宰者。

2. "红灯停，绿灯行"，做个遵纪守法的好学生。交通法规是国家的法律规定，不遵守交通法规，就是违法。

有中小学生反映，自己觉得遵守交通法规就是为了给交警叔叔看，有交警叔叔在时就遵守，不在时就不用遵守，这样的思想是不对的。同学们一定要谨记：遵守交通法规是为了对自己的安全负责，也是对他人生命的尊重。

因此，不管交警叔叔在不在，中小学生都必须自觉遵守交通法规。即便过马路时路上没有车，也不能自认为没事，擅自闯红灯。交通法规是人们出行安全的保障，遵守交通法规就是守护生命安全。

3. 遵守交通法规，保护自己，爱护国家。交通安全还关系家庭的幸福、社会的稳定。中小学生能生活在一个幸福完整的家庭、和平安定的社会中，是国家强大、和平、安宁的体现。

每个中小学生都是国家的一员，都应当爱护国家，维护国家利益，保护自己，以免生命财产受到威胁也是一种爱国的体现，遵守交通法规是保护自己、爱护国家的一种方式。

因此，中小学生不能因为年龄小就不去遵守交通法规，应该自觉维护交通法规，把交通规则当作生命之友，时刻遵守。

002 杜绝危险骑行，确保安全快捷

最近两年，虽然共享单车的流行解决了市民的出行问题，但也引发了一系列问题。比如，有关中小学生骑行事故的报道越来越多，在机动车道骑自行车的孩子越来越多。为了更安全、快捷地出行，同学们一定不能危险骑行。

2017年3月26日，上海一名11岁男孩解锁一辆共享单车后上路骑行，在路上逆向行驶时与一辆大客车碰撞，不幸遭碾压身亡。

中学生高某骑自行车沿机动车道由北向南逆行，行驶至十字路口时，与一辆由东向北的电动车迎头相撞。俩人同时倒地受伤，电动车骑行者由于年龄过大，不幸身亡。

中学生王某骑自行车上学，因刹车失灵，摔至桥下，导致一只脚骨折，后因住院治疗，不得不休学一年。

骑自行车出行，不必担心有堵车的风险，经济、绿色、环保。但是，凡事有利必有弊，骑自行车背后也存在很多安全隐患。为避免我们的生命财产遭受损失，我们在骑行时须遵守以下交通法规：

1. 禁止骑车逆行。在骑行的过程中，同学们不能因为贪图百十米的近距离就懒得掉头。逆行，是一种对自己、对他人生命不负责任的行为。

2. 禁止违法载人。同学们要时刻谨记一人一车的骑行规则，不违法载人。

3. 禁止单手骑行。在骑行的过程中，无论是耍帅扮酷，还是手中拿着东西，都不是我们单手骑行的理由。

4. 禁止闯红灯。在每个红绿灯路口，同学们必须时刻遵守"红灯

停,绿灯行"的交通法规,耐心等待绿灯亮起。

5.禁止在机动车道上骑行。同学们不能因为非机动车道狭窄、车多,就越道去机动车道骑行。机动车道上车多、速度快,很容易伤到骑自行车的你。

6.禁止未满12周岁的同学在道路上骑行。法律规定,年满12周岁的儿童才可以骑自行车。

7.禁止在马路上追逐竞驶。当同学们与好友在道路上骑行时,需要保持一定的车距,而且要慢行,不可追逐竞驶。

8.禁止攀附其他车辆。骑行的过程中,我们需要专心,时刻注意来往车辆,不能单手操作,不能攀附其他车辆。

9.禁止在马路中间停车。在骑行的过程中,如果同学们要停车时,要靠边停,不能直接在马路中间停车。

在骑行过程中,除了要遵守以上禁止规则,我们还要学会一些骑行安全防范技巧。

1.同学们要学会检查自行车。同学们要向家长、老师或者长者学习如何辨别自行车零件的好坏,尤其是刹车、车铃、轮胎。

2.转弯时要举手示意并且慢行。同学们骑到路口,需要转弯时,要举手示意并且减速慢行,以免被后面的人撞到。

3.失去平衡时,不要只顾去保持平衡。在骑行的过程中,当我们失去平衡快要摔倒时,不要拼命去保持平衡,这样会很容易忽略自我保护。情况紧急时,我们可以抛掉车子,人向一边倒,注意全身肌肉要绷紧,让身体的大部分面积与地面接触,尽量不用单手、胳膊肘、单肩着地。

4.多使用反光装备。反光装备可以在夜间、下雨、多雾等能见度较低的时候使用，这样可以让周围车辆、行人及时发现我们的动态，遇到险情及时采取必要的安全措施。

003 乘坐公交车、汽车的安全知识

当下，很多城市交通很发达，地铁、公交、汽车、共享单车等是出行时可选的交通工具。地铁准时、高效；公交车经济、安全；汽车便捷、直达；共享单车绿色、环保。每种交通工具都能缩短我们与亲人朋友之间的距离，使每一次团圆都变得简单方便。然而，同学们的某些不文明行为，给自己以及他人的生命带来了潜在的威胁，也拉远了自己与亲人的距离，使令人兴奋的团圆变成令人担惊受怕的分离。

某同学放学乘坐公交车回家，车辆即将进站时，他未等车辆停稳，便去扒车门，结果没抓稳，就摔倒在车轮底下，一条腿被轧断了。

五年级学生王某，放学后跟几个好朋友在公交站等车，看到车即将进站时，几个人往前冲刺，你推我赶，甚至抱在一起，不让对方上车，最终摔倒在地，王某摔伤了胳膊。

下午4点，在某路公交车上，一群小学生聚集在一起互相打闹。当车到站还未停稳时，他们就一窝蜂地挤到车门处，准备"冲锋"。车门一开，全然不顾来往车辆，直接推着同伴往下冲，完全没有安全意识。

中学生高某放假准备坐汽车回家，上车之后未按车票座位坐，还与该座位的乘客发生口角，乘务员让其系上安全带，他赌气没系。后来，因为一个紧急刹车，他往前磕了一下，整个人差点摔了出去。

看完上述事例,我们都感到痛心,因为这些事件本来是可以避免的,是不应该发生的。最近几年,中小学生不遵守交通规则,不文明的现象屡见不鲜、频频发生,这不仅说明我们关于这方面教育的缺失,还直接体现了我们中小学生的道德素养不够。公交站台嬉戏打闹、公交车上互相推搡、上下车时"冲锋陷阵"……随便哪一项,都可能造成自身及他人生命财产损失。生命对我们每个人来说都仅有一次,如果我们自己都不敬畏生命,那么我们还谈什么理想与未来呢?交通面前无小事,需要同学们认真对待。

中小学生交通事故屡见不鲜的原因主要有以下几点:

1. 不分场合,不自觉排队。大部分中小学生交通事故往往发生在上学、放学途中,或者假期,尤其是放学时。放学时,有些学生不主动排队,总是一窝蜂地挤上公交车,稍不注意便可能发生踩踏事件。

2. 中学生好动好斗,安全意识薄弱。在站台奔跑,在车上打闹,争着抢着下车,无视来往车辆等都是造成交通事故的原因。

3. 觉得安全带无用,系不系都行。很多中小学生并不知道安全带的重要性及意义,觉得系安全带不舒服,就不系。

4. 头往窗外伸,垃圾往窗外扔。很多孩子在坐车时会被车窗外的事物吸引,喜欢把头伸出去;如果手头有垃圾时,还会很自然地把手伸出窗外,随意扔出,甚至会往窗外吐痰。

为保证出行安全,中小学生要注意以下几点:

1. 学习公交、汽车出行安全常识。同学们需要明确哪些是不文明的行为。比如,在公交车上争吵,打骂不文明;随意插队,站台奔跑斗殴不文明;头伸出窗外随意吐痰,乱扔垃圾不文明。

2. 生命可贵,爱护自己,尊重他人。同学们要牢记没有了生命,

第三章 交通安全，关乎你我的生命

一切都是零，生命从来只有一次，每个人都一样，既要爱惜自己的生命，也要尊重别人的生命。

3. 文明出行，养成良好的乘车习惯。同学们在乘坐公交车、汽车的过程中，要自觉排队。乘坐长途汽车，要对号入座，系好安全带，不在车上大声喧哗、打闹，有序上下车。

004 乘坐火车（地铁）的安全知识

火车经济、安全、快捷，是长途旅行的首选；地铁快速、高效、准时，是城市出行的首选，它们都是很安全的交通工具，可依然有很多中小学生在乘坐火车（地铁）出行时发生事故。当同学们乘坐地铁去上学、回家时，或者假期与父母乘坐火车去游玩、看爷爷奶奶时，对于那些明显的安全标志，同学们记住了多少呢？对于走南闯北的火车、快速高效的地铁，同学们又需要了解哪些安全知识？若是在火车（地铁）上发生意外，同学们应该怎么办？

2011年7月5日9时36分，北京地铁4号线动物园站上行扶梯发生故障，导致正在搭乘扶梯的乘客摔倒挤压，造成一名男童死亡，2人重伤，26人轻伤。

2020年，五年级的唐某放学时与几个好朋友结伴乘地铁回家，在等候地铁的过程中追逐打闹，未注意到车辆进站，因为上下车的人多，唐某不小心被绊倒，造成了踩踏，好在工作人员及时疏导，唐某才未受重伤。

2022年春节前夕，三年级的王某和母亲一起乘坐火车回老家过年。

母亲千叮咛万嘱咐：车厢人多，不可以乱跑。一开始王某还比较乖。后来他坐不住了，不顾母亲的阻拦，去其他车厢找小孩玩耍。即将到站时，母亲找了半天也没找到，无奈只能寻求工作人员的帮助，直到车辆出站开往下一站时，母亲才找到他，不得不再坐一站。

火车、地铁都是人流量比较大的公共场合，上下车的乘客众多。对于中小学生来说，稍不注意就会与父母走失，被人群挤倒，遭遇拥挤踩踏事故。因此，同学们需要了解乘坐火车（地铁）的安全常识：

1. 站在安全线以内有序候车。同学们无论是乘坐地铁或是火车，都要站在安全线以内候车，有序排队，切不可越线，更不能跳下地铁站台。地铁一般是黄色安全线，火车是白色安全线。

2. 严禁在站台追逐、打闹。地铁、火车上下车人数众多，在站台追逐、打闹很容易引发踩踏事故。

3. 不要在车厢内奔跑。火车、地铁的运行速度都很快，若是突然紧急停车，奔跑的同学就会摔伤。

4. 不要在车厢连接处玩耍。火车、地铁都有一节一节的车厢，车厢与车厢之间的连接处会存在间隙，很容易弄伤手脚。

5. 提前做好下车准备。火车、地铁即将到站时，同学们要注意听广播，提前做好下车准备，有序下车。

6. 不要在车上大声喧哗。文明乘车，尤其夜间乘坐火车时，不要大声说话，以免打扰他人休息。

7. 不要与陌生人攀谈，不吃陌生人给的食物，钱财不外露，保护自身财产安全。

当同学们乘坐火车、地铁遇到事故时，应当沉着应对，理智处理。

1. 与父母走失，要求助工作人员。火车、地铁人多、拥挤，当我们与父母走失时，不要着急哭泣，也不要随意向路人求助，应当求助站内或者列车上的工作人员。

2. 不要跳下站台捡拾物品。火车、地铁行驶时，都有专门的轨道，当列车未进站时，乘客需要在站台外排队候车。如果物品不小心掉下站台，同学们千万不能看车还没来，就擅自跳下站台去捡，应当寻求站台工作人员的帮助。

3. 路遇事故，远离门窗。火车、地铁突发事故时，要远离门窗，紧靠牢固物体；要双手抱头，不要东张西望；不要试图砸窗跳车，以免撞向路轨；注意听广播，听从工作人员的指挥。

4. 牢记安全通道、火警装置、灭火器的位置。发生火灾时，同学们可以拨打"119"，或按动列车车厢内的紧急报警按钮；要采取低姿态的形式，背离火源方向逃跑。如果身上着火，要立即原地打滚或用厚重衣物压灭火苗；要学会使用灭火器，牢记安全出口，有序撤离。

第四章
预防溺水，安全防范有办法

　　溺水是生活中经常发生的事故，特别是在夏天，随着暑假的来临，中小学生在水域的安全问题就提上了日程。学校、家庭和社会都给中小学生传达各种各样的安全防范知识，但是很多时候，效果并不明显。归根结底，中小学生只有自己充分认识到溺水的危害，才能学会保护自己。

001 关于溺水的基本知识

溺水事件时有发生，每年夏天的溺水事件都牵动着我们的心。每年的假期前后，老师都会对我们进行安全教育，目的是让我们对自身安全引起足够的重视，同时要学会处理和应对生活中突发的安全事件，更好地保护自己。

寒暑假的来临，预示着我们有大量的时间自由安排，在这段时间中，我们能够接触到更广阔的世界。或者是去外面旅游，或者是跟同伴玩耍，在认识新事物和结交新朋友的同时，会遇到各种各样的危险。在炎热的暑假，不少同学会选择去游泳、戏水，因此，溺水成了夏天最常见的安全事件之一，也应该引起我们的足够重视。

据济南市济阳区信息中心通报，2019 年 2 月 17 日，济南孙耿街道所辖西范村西北池塘发生一起儿童溺水事件。当天下午，孙耿街道西范村、时家村五名男孩相约在西范村西北角的池塘边玩耍。在玩耍的过程中，四名男孩不慎落水。随后被人发现，经过紧急救援，四名儿童被打捞上岸，但不幸全部溺亡。

2019 年 2 月 18 日下午 1 时 42 分，山东宁津县公安局接到群众报警，时集镇前油周村有儿童落水。救援人员赶到后，马上在水域附近展开救援行动。下午 2 时至 2 时 30 分左右，先后有三名儿童被打捞出水，经抢救无效死亡。直到下午 5 时 30 分，最后一名溺水儿童被打捞出水，确认死亡。后经确认，这四名儿童是在前油周村沟渠附近玩耍时不慎落水的。

溺水的危险性很大,却往往被我们疏忽。我们觉得安全的水域,却不一定是完全安全的。生活中的溺水事件比我们想象的多得多,特别是夏天。因此,我们要对溺水有充分的了解,这样才能真正认识到溺水的危害,更好地保护自己。

溺水也被称为淹溺,是指人淹没于水或其他液体介质中并受到伤害的状况。溺水是生活中很常见的意外,溺水后可能引发窒息缺氧,如心跳停止,则被称为"溺死";如心跳未停止,则被称为"近乎溺死"。

通常来说,溺水的过程是非常快的,在很短时间内就会因呼吸、心跳停止而死亡。随着夏季的到来,不管是大人还是小孩,都喜欢到江、河、水塘内游泳,这就为溺水的发生提供了契机。特别是在暑假,青少年到水中游泳导致意外死亡的事件时有发生。一般容易发生溺水的地点是非正规游泳池、水库、水坑、池塘、河流、溪边和海边等。

溺水后,人往往会有生命危险,很多时候是因为在水里挣扎而导致呼吸道和消化道少量进水,呼吸反射性暂停。这个时候,他们往往还能保持清醒的意识,但是已经无法保持协调的动作。在此过程中,由于缺氧，溺水者需要重新呼吸，就会导致水进入肺部而引起呛咳。同时，胃发生反射性呕吐，呕吐物会进入气管阻塞呼吸道造成窒息。随着窒息，溺水者的神志会越来越不清，在很短的时间内就会昏迷或呼吸停止，各种反应消失，但仍有微弱的心跳和呼吸。此时，如果得不到及时抢救，就会导致溺水者在短时间内死亡。

溺水的危险性极高，对此我们一定要有充分的认知，要防微杜渐，只有真正认识到危险，才能有效预防溺水事件的发生。

002 掌握不会游泳时的自救方法

我们知道，落水会让人惊慌失措，但与此同时，必须争分夺秒保住生命。我们不是人人都会游泳，也不是人人都能游得很好，所以我们必须懂得一些基本的自救知识。如果我们不会游泳，又不慎落水了，这些知识就能在紧要关头帮助我们。

第四章　预防溺水，安全防范有办法

2018年7月30日晚，广东省珠海市某小学在读四年级、三年级的姐弟俩在住宅小区内的游泳池游泳时，发生溺水事故。姐弟俩大约晚7时50分下水，到晚8时10分左右被发现时，女孩已经没有了生命体征，随后被紧急送医抢救。

2018年8月5日，一对8岁的双胞胎海边溺亡。下午3时左右，从北京去青岛游玩的一对双胞胎女孩，在黄岛区万达公馆A区海滩走失。接警后警方进行了全力搜索，直到8月6日中午11时40分左右，才发现了双胞胎中姐姐的遗体，之后在失踪海域发现妹妹遗体，家长悲恸欲绝。

在我们身边，青少年的溺水事件时有发生。不会游泳的孩子也好奇下水的乐趣，于是在同学的怂恿下壮着胆子下水，这时一旦发生意外，后悔根本来不及。

不会游泳，下水是一件十分危险的事情。那么，在此情况下不幸溺水，该如何自救呢？

1. 当我们不慎落水后，不要惊慌失措，一定要保持头脑清醒。

2. 不要进行狗刨式挣扎，要试着屏住呼吸，冷静地将头向后仰，口向上方，将口鼻露出水面，同时把双腿并拢，双手合十举过头顶，放松自己，让身体自然浮起，此时就能进行呼吸。

3. 在进行呼吸的时候，呼气要浅，吸气宜深，尽可能使身体浮于水面，以等待他人的救援。

4. 千万不能将手上举或拼命挣扎，这样反而容易下沉。

003 水中抽筋的自救方法

当我们在水中活动时,有时会发生抽筋的情况,这就需要我们及时应对身体的征兆,尽快调节。水中抽筋对游泳者来说是非常危险的,因为一旦没有及时调整,就很有可能出现溺水的情况。

湖南省宁乡市金洲南路附近有一栋两层楼房,这里住着叶家,出事的是叶家的孙子。出事的池塘有两米多深,小叶跟随爸爸在池塘游泳,小叶游到对面70米远的小丘后休息了一会儿,随后就开始返回。但是在返回的途中,小叶突然腿抽筋,于是向岸上的爸爸求救。因为爸爸在前段时间受了伤,所以连救了两次,都没能把小叶救上来,这时小叶的爸爸明显游不动了,小叶不愿拖累爸爸,只好放开了爸爸的手,让爸爸先上岸。结果小叶沉了下去。后来等人们把小叶打捞上来时,他已经毫无生命迹象。

悲剧的发生是每一个人都不想看到的,但是面对这样的悲剧,我们在感到痛心的时候,更多的是要从中吸取教训,避免类似悲剧的发生。所以,我们要学会在水中抽筋时的自救方法。

水中抽筋的原因

游泳时抽筋的主要部位是小腿和大腿,有时手指、脚趾及胃部等部位也会抽筋。水中出现抽筋的原因主要有以下几种。

1. 低温刺激。如果游泳时水温较低,腿部和脚部的肌肉受到低温刺激,兴奋性会突然增高,使肌肉发生强直性收缩,导致肌肉痉挛。

2. 准备活动不足。在游泳前没有进行热身活动或者热身活动不够,入水之后,较低的水温会刺激皮肤、肌肉的血管收缩,导致血流减少减慢，不能满足肌肉活动的需要，就容易引起抽筋。

3. 体能消耗过多。在水中体能消耗过多，会导致肌肉中堆积大量乳酸等代谢物，使肌肉不断收缩，发生痉挛。在水中的停留时间过长，体能不断消耗，也会令乳酸在肌肉内大量累积起来，导致肌肉疲劳，也能引起抽筋。

4. 电解质失衡。在长时间运动中，人体内的电解质丢失过多，又没有及时补充，就会造成人体电解质失衡，导致肌肉兴奋性增高，很容易发生肌肉痉挛。

5. 运动过于激烈。游泳时动作太快，引起肌肉连续过快收缩，放松时间不足，肌肉的收缩与舒张的协调性就会紊乱，导致肌肉痉挛。

水中发生抽筋以后如何自救

在水中出现抽筋时，要根据自己身体的实际情况进行自救。

1. 一定要保持镇静。这时候要马上停止游动，先吸一口气来保证呼吸顺畅，仰面浮于水面。

2. 若是因为水温过低和疲劳产生的小腿抽筋，则可使身体呈仰卧姿势。这时候要用手握住抽筋腿的脚趾，用力向上拉，使抽筋腿伸直，并用另一腿踩水，另一手划水，帮助身体上浮，这样连续多次即可恢复正常。

3. 如果大腿抽筋，可同样采用拉长抽筋肌肉的办法解决。

4. 如果两手抽筋，要快速握紧拳头，再用力伸直。这样进行多次，直至手指复原。

5. 当上腹部肌肉抽筋时，可以把身体仰卧在水里，把双腿向腹部弯曲，再行伸直，重复几次，直至症状有所缓解。

6.当抽筋症状缓解后,要改用其他游泳姿势游回岸边。若还用同一游泳姿势,就要提防再次抽筋。

004 水草缠脚的自救办法

水草在水中生长,很多时候并不起眼,但是当我们在水中遇到它们的时候,它们就很可能威胁我们的生命安全。尤其是在野外游泳的时候,要格外当心水草缠脚情况的出现。

2014年7月18日晚6时多,湖南省株洲市芦淞区五里墩乡百井村南塘水库边,袁先生用最后一丝力气将儿子顶到浮在水面的水草堆上后,因脚抽筋慢慢沉入水底。事件发生当天,袁先生13岁的儿子在水库游泳,水库面积超过800平方米,水下水草丛生。水库最深处有两米多,小袁先下水游泳,但没过多久,小袁的脚就被水草缠住,于是小袁在水中挣扎,不断地喊着救命。袁先生没顾得脱下长裤,就赶紧跳下水去救人。因为小袁的脚被缠得很紧,袁先生用了很大力气才将儿子拉出来。最后袁先生筋疲力尽,加上自己出现了抽筋现象,他把儿子推到浮在水面的水草堆上后就沉入了水底。

小袁靠在水草堆上,水已经淹到了他的颈部,直至村里人发现才把小袁救了上来,但是袁先生再也没有醒过来。

这样的悲剧告诉我们,要时刻警惕大自然中的危险。水下水草的危险性要比我们想象的严重得多,我们不仅要学会在水中被水草缠住的自救方法,更要充分认识水草的危险性,增强自身的安全防范意识。

第四章　预防溺水，安全防范有办法

在水中被水草缠住的自救方法

水草长于水底，在水中随水流漂浮不定。游泳者在长有水草的地方游泳，稍有不慎，就可能被水草缠住。一旦遇到这种情况，要采取以下措施。

1.不要紧张慌乱，已经被水草缠绕的脚或腿要停下挣扎，尽量减少另一条腿的动作，以防双腿被缠绕。

2.要用手臂划水运动，保持头部浮于水面之上，采用半仰泳姿势稳住身体，上抬被水草缠绕的腿，慢慢挣脱水草。

3.如果一时挣脱不开，可以进行深呼吸，之后保持身体直立下沉，用手将缠绕在腿上的水草拉断，在进行这个动作的时候，要尽可能慢一些，身体要稳一些。入水深度以手能去掉水草为限，其间要防止身体乱动，以免被水草进一步缠绕而加重险情。

4. 如随身携带有尖利物品，可用它把水草割断。

5. 把水草去除后，应采用仰泳姿势，远离危险区上岸。

尽可能远离野外水域

被水草缠住脚是很危险的，因为它可能越缠越紧，最终会把我们拖入绝望的深渊。同时，我们也要进行一定的反思，为什么会出现这样的情况？江河湖泊，以及室外的一些池塘中，水下或多或少都会存在一些水草，为避免发生这样的情况，我们要尽可能地远离野外水域。

我们在学校和社会上也学到了很多野外救生知识，我们一定要重视起来，在平时不仅要认真地学习，遇到危险时更要学会应用。

005 未成年人不要盲目营救遇险伙伴

在寒暑假中，我们会经常和小伙伴们一起出去玩耍，不管是夏天的水池还是冬天的冰面，人多的时候自然乐趣也多。当我们沉浸在欢声笑语中时，也要注意自身和周围人的安全。当发现有人陷于困境时，要及时地帮助他人脱困，但是更为重要的是有效地帮助他人脱困，而不是盲目地进行救人，否则最后很可能危及自身生命安全。

2013年5月11日上午，广东省惠州市博罗县罗阳一中的八名同学相约到东江岸边烧烤，其中一名同学不慎溺水，另外四名同学前去相救，结果五个人相继溺水失踪。当晚7时35分，蛙人在水底找到第一具失踪者的遗体；晚9时50分左右，剩余四名失踪者的遗体全部被打捞上岸。

当时参加活动的一共有八名同学。上午 8 时多，一行人抵达烧烤点——博罗县滨江路葫芦岭附近的东江岸边。大家吃饱喝足后已经接近 11 时。随后，六名同学跑到江边玩耍，其中两名同学在岸边玩水，另外四人脱下衣服到江边戏水。其余两名同学仍留在原地烧烤。

下水的四个人大约玩了十分钟，其中一名同学就开始往下沉，同时在水中戏水的三个人手拉手想去救人。结果，几人一个拉一个地往下沉。正在烧烤的一名同学听到呼救，也跑到江边施救，结果也掉了下去。意外发生后，岸上的同学立即拨打"110"求救。救援人员赶到后，五名同学已经失去了生命体征。

这样的事情有很多，但是都没有引起足够的重视。我们在帮助同伴的时候，更要顾及自身的安全。就像本案例中遇到的这种情况，一人落水，最后牵连了四个人。本是大好的年华，结果却被淹没在了一片水域中。

未成年人应该这样去救助同伴

当我们准备救人时，一定要认清自己的处境，也要知道落水者的处境。如果在我们的能力范围内，自然是要出手相助的，可一旦超过自己的能力范围，就要请求周围人的帮助。这样不仅能保证自己的安全，也能增加落水者获救的希望。

1. 我们在救助溺水者时，先要了解水情再下水。如果水面上有漩涡，或是当时的水面情况不安全，就不能贸然下水。一旦把自己陷于危险的境地，也就是把落水者的救援希望又减少了一分。

2. 在基本了解环境之后，若要下水施救，还要根据自己的水性进一步判断，如果水性不好就不要轻易下水救人，因为这样做会更加危险。

3.当我们有足够的能力下水救人时，要注意下水的姿势。当我们游向溺水者时，要注意节省体力。不能用全部力气游泳，要预留在水中救人的力气。

4.施救的方法要正确，我们要从溺水者的背后接近溺水者，从后面托住溺水者的脖子，把溺水者的头部、嘴、鼻等托出水面，慢慢游向岸边。在水不深的情况下，人能够站起来的时候一定要站立，不能横卧在水中施救，接触到溺水者后，要将溺水者慢慢托出水面。

5.当我们没有足够的能力下水救人时，一定要请求其他人的帮助。大声呼喊附近的人，并第一时间报警，这个时候一定要冷静，不能慌乱。

6.我们在等待救援人员到来这段时间里，要尽可能寻找能够帮助落水者获救的东西。若是有救生圈或泡沫板等能够漂浮的物品，要尽量投给落水者，为落水者创造更多生存机会。

第五章
消防安全，水火无情人有情

消防安全教育是生命安全的教育，不能仅仅依靠学校、老师和家长的教育，中小学生也要自觉地去学习相关消防知识，树立自救自护的观念，形成自救的意识。学会逃生、自救的知识，掌握自救和救助他人的技能。

001 火灾初起的灭火基本原则

也许大家经常在电视新闻上看到火灾,在现实生活中却从来没有遇到过,但事实上火灾离我们的日常生活并不远,我们随时都有可能遇到火灾。

2023年1月15日13时25分,盘山县浩业化工有限公司烷基化装置,在维修过程中发生爆炸引起火灾,造成13人死亡、35人受伤。

2023年3月27日14时30分许,河北省沧州市沧县崔尔庄镇东村一废弃冷库在拆除过程中发生火灾,22时55分大火被扑灭,11人遇难。

2023年4月17日14时4分,位于武义县泉溪镇凤凰山工业区的浙江伟嘉利工贸有限公司一厂房起火,导致11人死亡,直接经济损失2806.5万元。

2023年4月18日12时50分,北京市丰台区靛厂新村291号北京长峰医院发生重大火灾事故,造成29人死亡、42人受伤,直接经济损失3831.82万元。

火灾初起的阶段,一般燃烧的面积都不太大,烟气流动的速度较慢,火焰的辐射能量不大,周围的物品和建筑结构温度上升不快,这些特点都非常有利于我们灭火。在这个阶段,灭火有几项基本原则需要大家牢记。

1. 发现火情,要保持沉着冷静。当我们发现起火了,要保持冷静,理智地分析火情,如果初期燃烧的面积不大,可以考虑自行灭火;如果火势较大,应当第一时间撤离,寻求外界帮助。

2. 面对小火,争分夺秒扑灭。当火灾刚发生时,火势较小,应当争分夺秒,将小火控制住或者扑灭,千万不能自乱阵脚,放弃扑救,致使小火变大火。

3. 及时报警，大声呼救。"早报警，损失少"，在发生火灾之后要及时报警，并大声呼喊，通知其他人，这样既可以提醒别人及时采取必要的措施，还能寻求他人帮助，将火尽快扑灭。如果不方便呼救，也可以通过敲打物品等，引起他人的注意。

4. 老人小孩，逃生第一。老人和小孩的体力、思维都远不如年轻的成年人，自我保护能力相对较弱，因此，遇到火情，老人和小孩要第一时间撤离。

面对火灾，我们一定要争取在初期将火苗扑灭。下面就介绍一些初期灭火的小技巧。

1. 灭火时要背对出口。在灭火时，要尽量背对着逃生出口，这样一旦灭火失败，还可以从逃生出口迅速撤离火场。

2. 使用灭火器时要尽量对准火源。我们使用灭火器灭火时，要尽量对准火源，千万不要被上升的火焰和烟气迷惑；喷射的过程中可以将喷嘴对准火焰的根部左右摆动，由远及近，直到火焰全部被扑灭为止。

3. 顺风灭火更安全。在灭火的过程中，我们要尽量站在上风口，顺着风灭火，这样可以避免因为逆风导致火焰烧到自身。

4. 灭火后浇水。在火焰扑灭之后，我们要及时浇水，把火源全部浇湿，杜绝其死灰复燃的可能。

002 常见的火灾逃生误区

火灾是我们不希望看到的事情，毕竟一旦发生火灾，就可能会造成很严重的人员伤亡和财产损失。有效的逃生可以降低损失，但是在人们的认知中，对于火灾逃生还存在一些误区，需要我们格外注意。

误区一：湿毛巾是万能的。火灾中遇到浓重的烟雾，同学们都知道要用湿毛巾捂住口鼻，但其实湿毛巾只能过滤掉烟气中的碳粉等颗粒，对于空气中的一氧化碳等有毒气体却是无效的，因此，用湿毛巾保护呼吸系统是有一定局限性的。

误区二：匍匐前进最安全。其实在烟气不大时，并不需要匍匐逃生，而且如果逃生的人很多，后面的人很有可能踩到匍匐的人，造成踩踏事故。

误区三：卫生间是最好的避难所。卫生间的空间狭小，如果没有窗户，在火灾中很容易因为缺氧而致人昏迷或者死亡。就算卫生间有窗户，但因其空间狭小，如果火灾持续时间较长，救援的人将很难发现被困人员。

误区四：原路脱险。发生火灾时，人们会习惯性地冲向常用的出口和楼梯，致使出现堵塞，失去最佳逃生机会。

误区五：向光逃生。在危急情况下，人们会下意识向明亮、有光的地方逃生，但是在电气设备引起的火灾中，有光亮的地方反而更危险。

误区六：盲目跟随。在火灾中，人们心里慌乱，当发现有人在前面奔跑，就会下意识跟随，失去判断力，如果跑错方向，可能会遭受更严重的伤害。

误区七：跳楼逃生。起火时，人们出于求生本能，会想往室外跑，甚至为了逃生出现跳楼行为。

我们一定不要被上述几种逃生误区误导。只有学习掌握正确的逃生方法，才能有效地保护自己！

1. 住在高楼层，可以准备好防烟面罩，防止因火灾释放出的一氧化碳等有毒烟雾对人体造成伤害。

2. 在逃生过程中采取弯腰低姿态方式逃生即可。

3. 到达一个新环境，应尽快熟悉逃生路线，观察报警器、消防设施和疏散出口位置。

4. 利用消防演习的机会，做一些针对性训练。在火灾中无法顺利逃生时，应该尽量选择相对安全的、开阔的、容易让人看到的地方避险，等待消防员救援，切不可选择跳楼逃生的做法。

003 身上着火了怎么办

我们在日常生活中遇到火灾,来不及逃跑时,很有可能被大火缠住,致使身上着火,那么我们应该如何自救呢?

第一,头和脸是人身体最脆弱的地方,尤其是在火灾中,当你站立或者坐着时,火会由下往上烧,这样危害就会很大。这时我们应该立刻用双手捂住脸部,尽快熄灭脸部的火焰,然后跪下,身体向前平躺,将身前的火压灭。最后通过左右打滚来熄灭背后的火。

第二,当我们身上着火,如果穿了好几件衣服时,我们应当迅速将着火的外衣脱下,然后将其浸泡到水中,或者用脚踩灭火焰,又或者利用灭火器灭火。

第三,在野外发生身上着火的情况,如果恰好附近有河、池塘、小溪等,我们可以迅速跳进去灭火。如果自身的烧伤面积较大或者烧伤程度较深就不要跳进水中了,避免水中的细菌感染伤口。

当我们不幸身上着火了,一定要避免高声呼喊求救,尤其是当头部和面部着火时,更是要小心引起呼吸道烧伤。要知道,呼吸道烧伤是导致烧伤者死亡的原因之一。因此,当我们身上着火时,首先要做的是就地翻身打滚,尽可能地熄灭火苗,千万不能奔跑。

第五章 消防安全，水火无情人有情

生命是宝贵的，假如遇到火灾，我们最应该做的是逃生和自救。有时候在火灾中造成人员伤亡的并不是火灾本身，而是我们自救或他救时的错误应对，导致伤亡的出现。那么在火灾中，如果发现他人身上着火了，我们又应该如何扑救呢？

1. 帮助着火的人脱掉被点燃的衣服

我们可以尝试帮助着火的人尽快脱掉着火的衣物，因为大多数的衣服是可燃物，并且一些类似化纤等材质的衣服燃烧起来会使火势变得更加猛烈。

2. 泼水

我们可以用泼水的方法将火熄灭。

3. 用衣服拍打火焰

我们可以用衣服用力拍打火焰来灭火。如果火焰较小，我们可以用衣服将受害人的身体裹住，隔绝火焰和空气接触的可能，进而达到灭火的目的。

4. 使用灭火器

如果附近有灭火器，且火势很小，还没有在受害人身上造成伤口，则可以使用灭火器灭火。需要注意的是，不能使用灭火器直接向着火的人身上喷射，避免灭火器中的药剂导致其伤口感染或窒息。

004 被火灾困在房间内的自救

在突发火灾时，由于火势凶猛，门窗被封住，燃烧产生的浓烟很容易让人迷失方向，此时我们想要向外界呼救十分困难，不但外面的人听不到，我们还很可能因为大声呼救，导致自己吸入很多烟尘而窒息，或者陷入昏迷。那么，我们被火灾困在房间时该如何自救呢？

首先，要保持冷静。尽可能卧倒在地面上进行呼吸和移动。因为火势会顺着气流向上升，在比较低的地方，呼救的声音可以通过燃烧过或者未燃烧的空隙向外传播，并且可以避开火势最凶猛的地方和大量的浓烟。

其次，一旦被困在房间内，要尽量选择临街、有窗户的房间躲避，这样更有利于观察火情，也可以通过呼喊、打手势等方式和救援人员取得联系，最大限度地使救援得以迅速进行。

再次，当我们被困在室内，可以趁火势较小时，采用灭火器、自来水等灭火工具在第一时间进行扑救，并通过呼喊向周围人求助。应尽可能地将火源周围的可燃物移开，避免火灾进一步扩大。

最后，一定不要随意打开门窗通风，防止火势借风扩大，燃烧更剧烈。浓烟和热气，以及有毒气体的进入，很容易让人窒息死亡。

我们被困在室内，千万不要坐以待毙，如果可以自救，一定要尽可能利用正确的方法进行自救，逃离火场。当然，如果发现无法自救，我们也要找一个相对安全的地方等待救援，一切都以自身安全为主。

那么，我们该选择哪里躲避火灾才更安全呢？

最好找到一个没有可燃物、空间较小的地方，这个地方必须有能够让人通行的窗户或者其他通道，并且最好有水源存在。

我们可以关好房门，然后用水把门淋湿，用湿毛巾捂住口鼻，并用湿衣服等将缝隙堵住，防止烟雾进入，延缓火势蔓延，等待消防人员的救援。等到消防人员到来时，尽量不要大声呼喊，而是通过敲击物品发出声响，引起消防人员注意。

另一个可以躲避火灾的地方就是阳台。我们可以在阳台进行求救，并在阳台上躲避，等待救援。因此，我们在日常生活中，不要在阳台上放置太多的易燃物品，不然一旦发生火灾，这些易燃物品也会成为火势蔓延的媒介，造成更大的伤害。

005 危险当前，不要乘坐电梯

当我们遇到一场突如其来的消防事故，往往很难保持冷静，人们的第一反应都是以最快的速度离开事故现场，尤其是身处高层建筑时，人们为了逃生更是争分夺秒。为了节省下楼的时间、快速撤离，人们都会选择搭乘电梯逃生。但是，同学们，在消防事故发生时是不能乘坐电梯的。

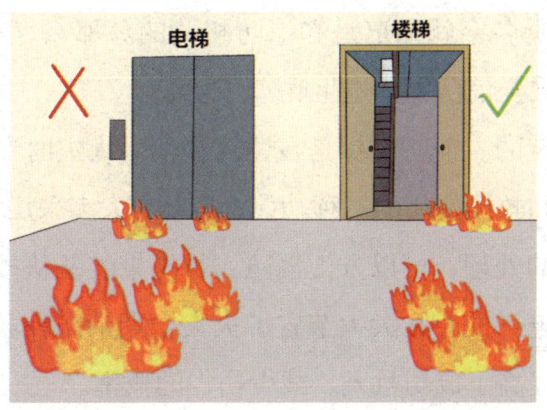

首先，电梯井不具备防烟的功能，而且一旦电梯被浓烟笼罩，电梯井就会变成死胡同，形成烟囱效应，使电梯变成助推烟火的垂直通道，人员随时可能会因为浓烟毒气而窒息死亡。

其次，在火灾发生时，大楼内的电气线路很有可能被烧断，容易发生二次火灾。除此之外，一般发生火灾时，日常的用电会中断，改为启用消防备用电，此时电梯会停止工作，这样很容易将乘坐电梯逃生的人员困在电梯内。

最后，电梯不具备防高温的性能，当遭遇火灾的高温，电梯轿厢很有可能出现失控，甚至变形，卡在半空中。

可能有人会想，如果发生火灾时我们正在电梯里，那不是就直接被关起来了？其实不然，正常情况下，电梯不会自动停靠，一直下降到首层然后打开门。或者也有可能会就近停靠，并打开门，然后停止运行。这一点同学们不用担心。

当我们遇到突发的消防事故，一定要选择走疏散专用通道或者逃生专用楼梯等比较安全的逃生通道，不要为了节省一点时间而选择乘坐电梯下楼逃生。

大家仔细观察会发现，除了正常乘坐的电梯，还有一种消防电梯。消防电梯，一听名字就知道是和消防相关的。那么，在火灾发生时，我们是否可以乘坐消防电梯逃生呢？

答案是否定的。消防电梯是在建筑物发生火灾时专门提供给消防人员进行灭火和救援使用的一种功能性电梯，大多采用消防备用电源，经过阻燃耐火的处理，可以方便消防人员携带装备从楼内上升到着火的楼层。消防电梯的存在大大节省了火灾初期消防扑救的时间，减少了体力消耗，提高了成功救人、减少伤亡的概率。

当然，消防电梯也不是完全安全的，只是有着独立于其他电梯的供电系统和管道，如果我们在火灾发生时抢占了消防电梯，反而会延误消防人员灭火救援工作的进行。

第六章
公共安全，创造安心大家庭

　　学校、餐馆、影院、商场、超市等都属于公共区域。同学们每天都在公共区域吃饭、学习、玩耍，公共环境是否安全，直接与同学们自身安全息息相关。本章会告诉同学们什么是公共安全，以及如何创造令人安心的大家庭。

001 中小学生要远离"三色污染"

何谓"三色污染"？一是黄色污染，即色情行业；二是灰色污染，即官僚腐败作风；三是黑色污染，即黑社会暴力行业。同学们千万别小看"三色污染"，它们可是足以毁了一个人的一生哦！黄色污染，低级、庸俗，可直接腐蚀中小学生的精神、心灵；灰色污染，充斥着金钱权力，直接扭曲中小学生的人生观、价值观、义利观；黑色污染，暴力、残忍，直接导致中小学生情绪暴躁、行为暴力，做出违法犯罪行为。"三色污染"会腐蚀同学们的心灵，侵蚀同学们的精神，颠覆同学们的是非观，让同学们变成一具行尸走肉，甚至走上违法犯罪之路，变成一个犯罪分子。

中学生高某最近迷恋上黄色期刊，便常出入游戏厅、歌舞厅、酒吧、网吧，后来竟对同班女同学起了歹意，将其约出后实施强奸，事后女同学选择自杀。高某被法院判刑，女同学的一条鲜活生命也这么消逝了。

15岁的赵某，因看了黄色录像，竟前后奸淫了8名女孩，最小的只有4岁，最大的也不过11岁。

一天晚上，中学生陈某接到好友张某的电话，张某说他白天被王某欺负，让他一起去教训王某，于是他随手拿了一把水果刀。他们在路上围堵殴打王某，情急之下，王某抢过水果刀刺向陈某，造成陈某大出血，救治无效死亡，王某因此被判刑。

对这些案例，我们感到痛心疾首。也许有人会问，现在的中小学生都是怎么了？怎么如此堕落、残忍呢？其实，这是有原因的。比如，生理健康教育的缺失触发了中小学生的好奇心，使其产生了偷尝禁果的欲望；官僚作风泛滥，金钱权力的盲目崇拜，贪污受贿、走后门、找关系，让中小学生耳濡目染，学会对权力、金钱的顶礼膜拜；"是朋友就得两肋插刀"的错误观念使中小学生遇到问题时，第一时间选择用暴力解决。作为中小学生，我们应当自觉远离"三色污染"。

那么，在哪些地方我们容易遇见"三色污染"呢？

1. 互联网、大众传媒、没有营业执照的书店、歌舞厅、酒吧、网吧等都是可能会接触到黄色污染的地方。同学们平常不应去酒吧、网吧、歌舞厅等地方，如果要买书籍，一定要去正规书店，不要接触黄色期刊、书籍。

2. 在家庭、学校、邻里之间，我们有时会接触到一些灰色污染，如办事找关系、走后门等。同学们一定要抵制诱惑，树立正确的义利观，要始终脚踏实地，要始终牢记一分耕耘，一分收获。

3. 在学校里、在聚会上、在朋友之间的交往中，我们可能会接触到黑色污染。讲义气，就得真刀真枪实干；够哥们儿，就得一起喝酒吸毒。抢劫、打架、斗殴、喝酒、吸毒等布满黑色污染，这些错误的暴力的语言及行动，同学们万不可当作豪杰义气，盲目效仿跟风。

同学们可能会问，家里、学校、邻里、互联网、书店、大众传媒等都是接触"三色污染"的地方，那我们是不是就做温室里的花朵，不出门了呢？自然不是，同学们要学会识别、抵制"三色污染"。如何去识别、去抵制"三色污染"呢？

1. 不看带有淫秽、封建、迷信、低级、庸俗色彩的电影、期刊、书籍，不点击互联网上带有色情文字的链接。同学们可以多读一些文学名著，陶冶自己的情操，丰富自己的精神文化；平常可以培养听音乐、散步等好的习惯。

2. 不攀比，不跟风，树立正确的金钱义利观。同学们要勤勤恳恳，要知道付出才有收获，不攀比，不跟风，做自己的事，走自己的路；同学们也要知道金钱来之不易，我们所花费的每一分钱都是父母的血汗钱；同学们还要培养自己的责任心，知道"在其位，谋其政"，有多大的权力就得承担多大的责任。

3. 不跟社会人士称兄道弟，不用暴力解决问题。在同学们的成长过程中，会遇到形形色色的人，也会结交各种各样的朋友。俗话说"多个朋友多条路"，但不是每个人都可以成为朋友。作为中小学生，我们要学会用知识去解决问题，而不是用暴力去解决问题。

002 遇到罪犯要学会自救

我们都听说过狼外婆的故事，这其实是一个与坏人斗智斗勇的故事。在现实生活中，当同学们遇到真正的"狼外婆"之后，大家会怎么做呢？会像故事中的小红帽一样与"狼外婆"斗智斗勇吗？还是会惊慌失措，不知道怎么办呢？

三年级的学生吴某，在放学回家途中被人掳进一辆面包车。他的双手双脚被捆住，一名男子不断地询问他问题，打听他的家庭情况。吴某立刻意识到自己是被人绑架了，而且对方准备把自己当作人质，勒索自己的父母，吴某一一回答了他们的问题。后来吴某被关了起来，眼睛、嘴都被胶带封住了。吴某一心想要逃脱，他试着用舌头舔嘴上的胶带，终于嘴上和眼睛上的胶带松开了。随后，他通过打滚的方式，将绑着的双手从脚下绕到胸前，用牙齿咬断绳子，跳窗逃出。

小学生王某在放学出校门时，一位陌生的叔叔向她走来，说自己

第六章 公共安全，创造安心大家庭

受委托来接她。王某询问自己的家庭住址及父亲名字，对方都准确地回答了出来。王某没有了戒心，跟着陌生叔叔上了车。一上车，叔叔便给了她一颗糖，含着糖果的她迷迷糊糊睡着了。等她醒来，发现自己双手被绑住，透过车窗，她看见车辆正行驶在闹市，外面有很多人，于是张口咬了司机一口，还不停地用双脚蹬踏方向盘，导致车辆大幅摇晃，引起了行人的注意，王某趁机大喊救命，最终获救。

从上面的案例中我们看到了中小学生的智慧，他们与罪犯周旋，保持镇定，运用周围的物品逃离虎口，成功获救。但是，并不是每一位同学都像他们这样沉着冷静。中小学生应该学会保护自己，学习遇到歹徒绑架、抢劫、敲诈勒索时该如何自救。那么，对于中小学生，罪犯一般会采取哪些欺骗方法呢？

1. 冒充父母朋友，假装受父母委托。老师、父母总是叮嘱我们，不要相信陌生人。但是，当一个陌生人能准确说出你家位置以及你父母名字的时候，很容易让你放下戒备心，跟着陌生人走。

2. 假装问路，顺路载你表示感谢。助人为乐是中华民族的传统美德，但是助人为乐也得看情况，一个几十岁的成年人，怎么会向一个小学生问路呢？还好心载你一程，这件事情合情合理吗？

3. 随意搭讪，给你东西。当我们一个人走在路上时，如果遇到陌生的人来与我们搭讪，还递给我们零食的时候，我们千万不能贪吃，先想一想为什么他会如此热情，为什么会给你吃的。

4. 熟人作案，毫无防备。在众多的绑架案中，大多是熟人甚至是亲戚作案。他们借着熟人、亲戚的身份，使孩子放松警惕，一旦事发就会选择杀人灭口。

5. 直接绑架，简单粗暴。有些胆大的犯罪分子，会在路上强行将中小学生掳走。

如果我们真的被罪犯抓住，要如何保住自己的性命呢？

1. 不要硬碰硬。我们的力量和体格不及罪犯，所以，我们不能以暴制暴，和罪犯硬碰硬，要学会察言观色，尽量弄清楚罪犯的意图。若是谋财，把身上的所有钱财都给他；若是勒索，我们要假装服从，好好吃饭，保存体力。如果不能逃脱，要等待着父母、警察的救援。

2. 见机行事，善于运用周围的物品。为了自保，我们可以借助周围的物品，不要怕损坏财物，也不要让罪犯伤害到自己；还可采用唇语、眼神、手势等向外人求助。

3. 捆绑时肌肉需绷紧，胶带可用舌头舔。在与罪犯斗智斗勇的过程中，我们需要运用智慧。当我们被罪犯捆绑时，可以把肌肉绷紧，这样便于解开绳结；若是被胶带粘住了嘴巴，我们可以用舌头舔，唾液可以减少胶带的黏性。

为预防被坏人盯上或者被坏人带走，我们需要注意以下几点：

1. 不要一个人落单走，要与朋友结伴而行。

2. 不要与陌生人搭讪，即使能说出父母名字以及家庭住址的，也要给父母打电话确认。

3. 不要吃陌生人给的食物，不要喝他们给的饮料。

003 公共场所活动的安全常识

学校、电影院、街道、商场、超市、体育馆、公交车、候车室、地铁等都是公共场所。在公共场所，同学们会看到很多安全标志，如

第六章 公共安全，创造安心大家庭

地铁里的禁止通行、小心站台间隙、禁止吸烟、严禁携带易燃易爆品……这一个个形象的安全标志其实都在给我们灌输安全知识，意在培养同学们的安全意识。在公共场所，同学们会遇到很多突发情况，如火灾、踩踏事件、聚众闹事等，这些都是不可预知但会威胁大家生命安全的事件。因此，同学们应从小培养自己的安全意识，掌握常用的安全行为知识与应对技巧。在遇到突发事件时，只有我们沉着应对，才能减少事件对我们造成的伤害，更健康、自信地成长。

某学校每天都会组织全校同学做课间操，有一天，在同学们排队下楼去做操时，五年级的几个学生在楼梯间嬉戏打闹，你推我搡，一位同学脚下踩空，猛地往前倒去，把前面的几个同学推倒了，后面的同学也摔倒了一片，导致七八名同学受伤。

几个小学生放学后，在超市里狂奔打闹，不小心撞倒了超市的货架，砸伤了正在购物的顾客，损坏了很多商品。

周六，中学生王某和好朋友张某相约去逛商场，俩人边走边讨论哪家东西好吃，哪家衣服好看，开心极了。乘坐扶梯时，王某站在上面一层，她转过身继续和张某说话，忽然感觉脚后跟被撞了一下，接着就向后倒去。原来，扶梯已经到了尽头。王某脚崴了，脚后跟也受伤了。

生活中总会发生这样那样的意外事故，并且会或多或少地给我们带来伤害。作为一名中小学生，我们除了需要学好文化课，还需要学习基本的安全知识，要掌握一些应对突发事件的技巧，要有安全意识。中小学生在掌握技巧的同时，要懂法律。只有这样，大家才能保护好自己的生命财产，生活才会更和谐，未来才会更美好。

那么，在公共场所需要知道哪些安全常识呢？

1. 不拥挤，有序排队。学校、地铁站、公交站等都是人多的地方，很容易发生踩踏事故。同学们切忌在这些场合打闹嬉戏、弯腰拾物，要礼貌慢行，有序排队。

2. 抓好扶手，注意脚下安全。乘坐扶梯时，不要倒站着，要时刻扶稳站好，注意脚下安全。

3. 礼貌购物，不在卖场扭打玩闹。同学们在商场、超市购物时，不能在卖场里跑，更不能在卖场扭打，要小心卖场货架，以免撞倒伤到人、损坏商品。

4. 扶好坐稳，不在车上打闹。乘坐地铁、公交车、大巴等交通工具时，要扶好坐稳，不打闹，不吃东西，不往车窗外扔杂物。

5. 文明礼貌，遵守交通规则。骑自行车时不载人、不走机动车道、不闯红灯，不横穿马路，不翻越栏杆，不在道路上追车、拦车、扒车。

当同学们在公共场所遇到意外事故时，应采取相应的应对措施：

1. 当被人群挤倒时，要双手抱住自己的头，滚到旁边，让人群先过去。

2. 当地铁、公交车突发意外紧急停车时，要跟着人群前行，不要冲着人群相反的反向奔跑，这样很容易被人群绊倒，造成踩踏事件。

3. 乘坐电梯突然停电或电梯发生故障时，不要慌张，要找到电梯内的紧急报警装置，向外界求救。不要在电梯内来回走动，也不要紧靠电梯门，当电梯快速下降时，要迅速按下每一层楼的按钮。

在公共场所，同学们要时刻谨记：

1. 学习交通法规，自觉遵守交通法规。

2. 学习安全知识，掌握并学会运用安全防范技巧。

3. 遇事学会沉着应对，牢记生命至上。

4. 听从工作人员指挥，不进入危险区域。

5. 不与陌生人搭讪，不吃陌生人给的食物，不喝陌生人给的饮料，不上陌生人的车。

004 解读标识，重视食品安全

同学们，你们知道"QS"是什么意思吗？你们知道什么是"三无食品"吗？你们购买食物时会看保质期吗？你们会吃无证经营的小吃吗？"QS"是质量安全的缩写，它表示该企业有生产许可证，该产品可进入市场；合格食品包装上会有"QS"标识，会有生产商、生产地、生产日期以及保质期。以后，同学们买食物时，一定要买有"QS"标识的、有保质期的非"三无食品"。

某校200多名学生在喝完学校配发的早餐牛奶后，纷纷胃部疼痛，出现呕吐症状，不得不送往医院治疗，后经卫生部门调查，是因为学生食用了过期的早餐牛奶。

三年级的王某特别喜欢吃薯片，总是在小区门口的小卖部买薯片。有一次，她顺手拿了一袋自己平常吃的薯片，到家之后边看电视边吃。不一会儿，她就觉得恶心想吐，不停地往厕所跑。妈妈觉得不对劲，带她去医院检查，经过医生的询问和检查后，发现她是因为食用了过期的薯片。此后，当她买零食时，都会特别关注生产日期和保质期。

某学校门口新开了一家无证经营的小饭馆，该校中学生张某和几个好朋友打算去尝尝味道如何。他们点了几份炒饭、炒面，吃完后都出现腹泻、呕吐等症状，医院检查结果显示亚硝酸盐中毒。

生活中因误食过期食品导致腹痛、呕吐的案例很多，这不得不让我们思考，到底是什么原因导致这么多食物中毒事件呢？同学们应当学会解读食品安全标识，养成看食品包装介绍的好习惯，不买"三无食品"，不买过期食品，不贪小便宜去买即将过期的食品，不去无经营许可证的小卖部买东西。

为什么会出现这么多中小学生食物中毒的事件呢？原因是多方面的：

1. 同学们对安全食品没有概念。同学们在购买食品的时候，没有查看质量安全、生产厂家、生产日期、保质期的意识，只顾买到就行。

2. 商家为了盈利，销售"三无食品"或过期食品。很多小商小贩或者黑心商家把过期食品和"三无食品"混在正规商品中，蒙混过关。

3. 安全教育不到位。无论是家庭教育，还是学校教学，都应该重视食品安全教育，要培养孩子食品安全意识，提高孩子对食品的辨别能力。

因此，同学们在购买食品的过程中，应该做到以下几点：

1. 仔细阅读商品标签，合格食品标签上会有产品名称、生产厂家、生产日期、配料等说明。

2. 要去正规地方购买。不在流动摊贩、无卫生许可证和营业执照的小卖部购买产品，要到正规商店或者商场去买。

3. 要仔细确认食品的保质期。一般饮料的保质期会打在瓶盖上，牛奶的保质期会印刷在开封口，零食的保质期会印刷在包装说明的后面，同学们要仔细看，如果找不到，可以请求店员帮忙，千万不能因为找不到就放弃。

4. 保存好购物小票，万一发现食品过期，可及时返回商店找商家退换。退换商品时,发票是维权的关键。

另外,同学们要养成良好的饮食卫生习惯,日常生活中,要做到:

1. 少吃零食,多吃蔬菜水果,注意饮食营养。很多零食里添加了不明成分,生产厂家不明,且大部分的零食并没有营养。因此,同学们应当多吃蔬菜水果,注意饮食营养。

2. 注意卫生。饭前便后要洗手,不长期吃辛辣食品,不吃变质剩菜。

3. 不随意采摘野生果子吃。在野外露营时,不要随意采摘果实或者蘑菇吃。有些果实是打过农药的,有些是不能吃的野生果子,很多蘑菇是有毒的。

第七章
网络安全，建设绿色网络世界

中小学生早已成为互联网使用大军中的一部分，有的同学借助互联网获取知识，拓宽眼界，文明上网；有的同学因为互联网沉迷游戏，陷入网恋，"病态上网"。那么，我们该如何正确应用互联网这把科技的"双刃剑"呢？

001 善用网络学习，沉沦网瘾误己

互联网，一把科技的"双刃剑"。它拉近了网民彼此之间的距离，使沟通变得简单；它搭起了知识的桥梁，有问题瞬间解答；它拓宽了我们的视野，让我们看到更宽广的世界。然而，它也会使亲情、友情变得疏远，使视力变得模糊，使性情变得暴躁，使生命变得脆弱。中小学生容易沉迷于网络游戏，抵御不住不良信息的诱惑，最终可能使学业荒废，身心萎靡不振。同学们应当学会正确使用互联网，防止沉迷于网络。

五年级的小明，各科成绩都很优秀，曾参加奥数比赛并获奖。当老师问他是如何学习时，他笑着回答："借助互联网。"原来，小明平常都会运用互联网来帮助自己学习，遇到不会的，就去网上查找相关类型的视频、答案、讲解。遇到不懂的知识，也会到网上去寻找答案，他甚至会咨询在线的各科名师，久而久之，小明不仅有了扎

实的基本功,还拓宽了眼界,认识了各个领域的专家。

12岁的张某,长期沉迷于网络世界,每天都待在网吧打游戏、聊天、看小说。他混淆了现实世界和网络世界,虽然他一次次地告诉自己不要再进网吧,可是一次次都以失败告终。最终,他纵身从20层的高楼跳下,结束了年轻的生命。

中学生周某,长期沉迷于电脑游戏,经常整晚待在黑网吧打游戏。有一次,他在黑网吧整整待了三天三夜,正当他想起身离开时,突然倒地猝死。

那些花一样的少男少女,因沉迷网络猝死,为了购买游戏装备而偷钱,因互联网难以辨认现实,真让人痛心。与此同时,也有一些孩子在互联网中获取知识,收获好成绩。凡事都有两面性,互联网也不例外,同学们要善于运用互联网好的优势,养成良好的网络习惯,千万不能沉迷于网络,导致不能自拔。

正确地使用互联网,能给同学们的学习带来很大的好处:

1. 遇到问题,随问随解。当我们在学习的过程中遇到不会的问题时,可以直接上网查找资料,或者通过QQ咨询老师。

2. 互相交流,共同成长。互联网可以让我们随时能联系同学、朋友。当我们觉得心情不好了、压力大了,我们便可以通过QQ、微信,找朋友聊聊天、谈谈心。

3. 拓宽视野,增长知识。互联网上有很多资料可以查询,有一个新的知识点,及时更新,随时可查,不用特意从家跑到书店或者图书馆去查阅书籍。

4. 培养开放、创新、包容的精神。互联网是一个开放的平台,每个人都可以发表自己对某件事的看法,它提供了一个轻松、自由、没有压力的学习环境，让我们去了解他人的想法，去看到世界的变化，去表达自己的想法。

如果运用不当，互联网也会给同学们带来以下危害：

1. 不利于生长发育。长时间地玩游戏会使视力下降，导致身体代谢紊乱、免疫力下降、思维迟缓、记忆力衰退。

2. 学习成绩下降。沉迷于网络的学生注意力不集中，逻辑混乱，精神状态差，心思不在学习上，这些都会导致学习成绩下降。

3. 精神萎靡不振。因为睡眠不足、饮食不均衡、缺乏锻炼等，导致同学们精神萎靡不振。

4. 道德扭曲。网络游戏中不乏暴力、色情、血腥的场面，如果长时间沉迷于这种游戏中，必然会对中小学生的道德、性情造成不可挽回的消极影响。

因此，同学们要养成正确的上网习惯，谨防沉迷网络。

1. 不去浏览不良网页。在上网的过程中，同学们不要点击来路不明的、有色情提示的网站，对这些网站要自觉抵制。

2. 远离网络游戏。很多中小学生一旦接触网络游戏，不仅陷入其中不能自拔，而且会将游戏里面的暴力、血腥、色情的场景搬到生活中，对身心造成很大的危害。

3. 读好书，不要浏览低俗小说。互联网上知识鱼龙混杂，有好的书籍，也有不好的、低俗的小说，同学们要学会去阅读一些名著，不要去看低俗无聊的网络在线小说。

4. 多与家人沟通，控制上网时间。在日常生活中，同学们要学会与家人沟通，学会培养其他兴趣（如舞蹈、钢琴、绘画等），丰富自己的业余生活，减少上网时间。

5. 不去网吧，不买网络游戏工具。法律规定，未成年人不得出入网吧，但是有的中小学生会进入黑网吧，他们沉迷于游戏，这是浪费时间、金钱、精力的行为，同学们应当自觉杜绝。

002 警惕网络攻击，防范网络陷阱

再茂密的森林，在遇到阳光时，都会出现星星点点的漏洞。高效、实时、开放的互联网也一样，存在一些漏洞和安全隐患是可以理解的。但是，总有一些不法分子专门钻空子，利用互联网漏洞和安全隐患对系统的硬件和软件进行攻击，获取私人数据。

小学生芳芳最近玩起了QQ，她的好友里面有父母、亲戚、几个好朋友，平常芳芳会通过QQ向亲戚索要一些零花钱，但是数额都不大，亲戚们也都习以为常。有一天，芳芳发现自己的QQ号登不上去，便按操作提示找回密码，可是她登录进去之后就傻眼了，原来她给每一个好友都发了一条"急需100元钱"的信息，而很多亲戚发了红包。芳芳着急地翻开QQ钱包，发现里面根本就没有钱，芳芳这才意识到自己的QQ号被黑了，她马上把这个情况告知了所有好友，以后再也不在QQ上向亲戚索要零花钱了。

中学生王某最近喜欢在网上购物，一天，她看上了一条喜欢的裙子，商家说货到付款，但必须得交预付款，王某觉得预付款并不多，自己又特别喜欢这条裙子，便用自己的微信付了款。过了两天，她收到快递员的电话，说必须把全款付了，才能拿到货。王某一想迟早都要付，早付晚付都一样，便把款给付了。可是几天过去了，还不见快

递员送货上门，而且快递员的电话无法打通，再上之前看的网页时，竟发现这条裙子的链接打不开，售后人员也联系不上。这时，王某才惊觉自己受骗了。

QQ号被盗，网络购物被骗，是我们身边很常见的网络攻击和网络陷阱，我们在使用网络的过程中要有防范意识，保护好个人隐私。当朋友在网上向你借钱时，一定要确认是否属实。同学们经常使用互联网社交、查阅资料，但是对互联网背后运行的程序知之甚少。因此，同学们要了解一些有关互联网的常识。

常见的网络攻击有这些形式：

1. 黑客攻击。同学们使用社交工具时，有时会发现自己的账号无法登录，等找回密码再次登录时，发现自己的账号被别人用过，有的是以借口借钱，有的是发一些链接。当然，除社交软件之外，黑客还会入侵其他软件。

2. 病毒入侵。同学们在玩QQ时，偶尔会收到不明邮件，当同学们点击邮件附件时，病毒就会留在同学们的电脑中，在同学们启用电脑上网时，攻击者就会获得同学们的IP地址及一些其他端口。攻击者收到这些信息之后，加上之前的病毒，即可修改被入侵电脑的参数，获取电脑硬盘里的内容。通常情况下，病毒可以同时入侵多台电脑，木马病毒就是最常见的病毒。

3.网址欺骗。同学们在查阅资料时，通常是通过浏览器直接搜索网址查询，但是有的网址可能事先被黑客篡改过，网页的内容并不真实，当同学们访问时，就会向攻击者的服务器发出请求，攻击者即可获取同学们的IP地址和服务器内容。

4.网络窃听、电子邮件、黑客软件、节点攻击、端口扫描等都是常见的网络攻击。

常见的网络陷阱有下列这些形式：

1.诈骗。同学们习惯在网上交易、交友、认证等。以网上交易为例，当我们在支付时，某些店家会以网店未开通支付宝为由，要求我们把钱直接打到卖家的银行卡上，之后不发货物或者寄出假冒、伪劣商品，直接侵害我们的权益。

2.不良链接。同学们在浏览网页的时候，时不时会出现一些弹窗，弹出一些不雅的图片。

3.病毒。电脑被病毒攻击之后，电脑的信息会被黑客盗取。此外，黑客也会给大家设置一些陷阱，诱导大家一步一步陷进去。

那么，我们要如何防止被网络攻击、防范网络陷阱呢？

1.安装杀毒软件、防火墙。同学们可以让父母在电脑上安装正版的杀毒软件、防火墙，定期杀毒。

2.不点击可疑链接，不安装来路不明的游戏。同学们不要点击弹窗里的可疑链接，不安装陌生邮件里的游戏。

3. 保护好自己的个人信息。社交软件的密码要设得相对复杂些，电脑文件要多备份，不要把重要的有关个人隐私的信息存放在电脑里。

4. 学业为重，合理安排上网时间。作为中学生的我们，学习才是最重要的，大家要合理安排上网时间。

5. 学会辨别网络真假。比如，购物时的预先付款、补拍运费、低价促销等，我们都应该慎重对待。

003 虚拟世界交友，谨防上当受骗

目前，各种社交平台早已普及，中小学生已经会使用各种社交平台来交友聊天。有了社交平台，同学们可以跟好友说说心里话，排解学习的压力。可是，社交平台也滋生了像隐藏身份骗取钱财，冒充好友借钱，假装网恋约见面、实则想拐卖勒索等诸多乱象。所以，同学们在网络社交时，一定要提高警惕，保护好自己的隐私。

15岁的中学生梁某通过微信摇一摇认识了网友肖某。几天之后，肖某以外出游玩为借口，把梁某骗至出租屋内，与另一男子持刀恐吓梁某并将其捆绑，夺其现金300元和一部手机，并强奸了梁某。事后，肖某联系梁某的母亲，索得赎金两万元后逃离。

14岁的中学生刘某，一个人在老家上学，其父母均外出打工，为方便联系，父母给她买了智能手机。刘某学会了上网，不久，开始了网恋，决定私下去见网络男友。不承想却被骗到南方的某个发廊，被逼迫当坐台小姐。半个月后，该网友用刘某的手机向其父母发短信要五万元钱赎人，父母这才知道刘某出事了，立即报了警，后来警察以

第七章 网络安全，建设绿色网络世界

其父亲的身份答应见面赎人，才成功救出刘某。

中小学生好奇心强，经不住诱惑，往往会混淆真实世界和网络世界。他们单纯，相信别人说的，而且不会拒绝。他们不知道微信摇一摇添加陌生人为好友、网恋、私下见网友等对自己有不好的影响。每位同学心中都有一个自己幻想的完美的人，当那个人以网友的身份出现在同学们的好友列表中时，同学们很自然地爱上了他／她。同学们在互联网上进行社交时，一定要小心，谨防上当受骗。

同学们网络交友的原因如下：

1. 想找个聊天的人。有的同学平常不善表达，朋友不多；有的同学父母不在身边，缺乏关爱；有的同学受到委屈，不敢跟身边人说；有的同学生怕说错话，不敢在现实中去表达……而互联网不一样，面对一个不认识的人、一个能听你说话的人、一个看不见的人，往往可以想说就说，想怎么表达就怎么表达，这便是同学们喜欢互联网交友的原因之一。

2. 打发无聊时间。有的同学平时兴趣爱好不多，闲暇时间比较多，为了打发这些闲暇时间，他们选择了网络社交。

3. 想获得认可。很多同学可能学习成绩不好，得不到老师、家长的认同，还可能会被贴上"差生""没出息"等各种标签。然而，在社交网站上，没有人给你贴标签，没有人在乎你是好学生还是坏学生，没有人在乎你的过去、你的言语，你甚至可以说脏话，这么开放、自由的平台，怎么会让人不喜欢呢？

但是，网络社交也存在各种弊端，甚至暗藏危险。在通过互联网进行社交的过程中，我们需要坚持正确的交友态度：

1. 陌生人加好友要设限。现在很多社交平台可以通过一些方法添

加好友。比如，微信有摇一摇、手机号搜索、微信名搜索、微信号搜索、二维码扫描等方式。我们需要设置通过权限，审核之后才是好友，遇到不认识的人添加时，不要随意通过。

2. 私人信息不透露。同学们在网上社交时，一定要注意保护个人隐私，不要随意透露自己的真实姓名、电话号码、家庭住址、学校、父母电话等信息，要慎重、理性。

3. 网友约见面要三思。俗话说，知人知面不知心，更何况我们还不知道屏幕后面那个人长什么样呢。如果真的想见，同学们可以问问家长、老师、朋友的意见，就算最后决定去，也不要一个人去赴约。

4. 生病借钱要确认。很多网友会假装真诚地与你交朋友，会先与你建立感情，后来可能会以"生病""家中有事""缺钱"等名义向你借钱。遇到这种情况，同学们一定不要轻易给钱，可以委婉地拒绝，也可以停止对话，还可以向父母请教，切勿冲动或者因为义气直接把父母的钱转给对方。

5. 不要露财、炫富。在互联网社交中，我们可以分享我们生活的点点滴滴，可以表达我们的喜怒哀乐，可以分享图片、发表文字，但是千万不要炫富、露财，这样很容易被不怀好意的人盯上。

004 科学使用手机，防止木马病毒

如今，手机成了同学们生活中不可或缺的一部分，但是同学们知道手机也会中毒吗？当同学们的手机收到带有自己名字或熟人姓名的短信和链接时，当手机自动扣话费时，当手机屏幕总是弹出恶意弹窗

时，当个人各种账号登录不上时，很可能大家的手机已经被木马病毒侵犯了，大家要采取措施预防病毒传播。那么，木马病毒是什么呢？手机中的木马病毒是怎么传播的呢？我们应当如何科学使用手机，防止木马病毒呢？

三年级的小明在逛QQ空间时，忽然看见同班同学@了他，打开之后发现是一个链接，链接上附有"这是我们聚会的照片，好温馨的，快点击链接查看吧！"，好奇的小明点开了，发现需要下载某个软件，才能打开，小明嫌麻烦，就没有再继续。不久，便看到同班同学的另一条动态：QQ号被盗，大家收到的任何消息都不是真的，千万不要上当，空间里的链接也不是我发的，请不要点开。小明长吸了一口气，还好没有继续操作，否则下一个被盗号的可能就是自己了。

有一天，五年级的小夏收到一条奇怪的短信："小夏同学，有人在××网站上记录了你的生日，快去看看是谁吧！"并附上了链接，小夏很好奇，便点开了这个链接，点开之后是一个软件的下载界面，小夏顺手点开下载安装，但是看不到是谁记录的。操作指示，她要成为会员才能看见，而成为会员要交费，至少交八十九元。在好奇心的驱使下，小夏点击付款，等了半天收不到验证码，却等来了微信消费提示，小夏慌了，我这还未支付成功呢，怎么钱就没了？而且怎么整个微信里的零钱都没了？小夏立刻去找爸爸，爸爸告诉她，这是她的手机被病毒入侵，钱被入侵者转走了。之后爸爸还告诉她一些有关手机病毒的事，并教她怎么去识别，从此她便知道了手机也会中毒。

同学们可能会无视其他的消息，但是不会忽视"与我相关"的消息，比如QQ空间里我的动态、微信朋友圈的好友评论、手机里带有我的名字的短信，都会引起同学们的好奇，想去打开看看是什么。但是，同学们可能不知道，这些@我们的、提到我们名字的，很可能是病毒，所以，我们不能随意点开里面的链接。在信息纷繁芜杂的时代，同学们该怎么去辨别手机是否中毒了呢？

1. 短信+链接的形式。当同学们收到提到自己名字或好友名字并且带有链接的短信时，无论内容使你多么好奇，你都不能打开链接，你得立刻意识到你的手机此时已经中毒了，立刻把短信删除，用杀毒软件立刻查杀。

2. 总是弹出色情、彩票、股票等的链接。木马病毒一般会借助色情或者博彩的外衣，诱导没有自制能力的同学们点击搜索下载。

3. 自动扣话费。当同学们收到扣话费的短信时，一定要立刻拨打联通、移动或者电信客服电话询问详情，并请父母帮忙检查手机是否被病毒入侵。

4.突然增加未知软件。若是同学们发现自己的手机上增加了未知软件，要立即将手机重启到安全模式，并在设置里面找到应用程序，点击卸载。

5.各种账号无法登录。当同学们发现手机上的QQ、微信、支付宝、银行卡等账号没法登录时，表示手机中病毒了，要立即请求家长帮忙解决。

同学们会问，怎样才能防止手机中木马病毒呢？大家可以参考以下方法：

1.从手机自带商店下载应用。同学们不要去网页或者来路不明的链接上下载应用。很多来路不明的链接可能被嵌入病毒了，一旦同学们点击下载，病毒就会自动嵌入手机。

2.不点击不明短信中的链接。不管收到的短信有没有自己的名字、有没有好友的名字，凡是有链接的，都千万不要点开。

3.不随便点击QQ空间被好友@并附有链接的动态。喜欢逛QQ空间的同学们，看到与自己相关的信息，千万不能直接点开；收到陌生邮件时，也不能随意点击附件中的链接。

4.不要随便扫陌生人给的二维码。同学们不要为了贪图小便宜，随意扫描街头二维码或者陌生人给的二维码。

5.在手机中设置未知来源选项禁用。为了避免被安装恶意软件，同学们可以去设置选项中，把未知来源设置为禁用。

6.不要访问色情与博彩的网站。同学们在上网浏览的时候，不要点击弹窗里出现的陌生图片或者链接。

7. 保持系统更新。很多系统是随时更新的，如安卓系统。同学们要使用最新的系统，以防止旧系统中存在漏洞或者安全隐患，给病毒入侵提供入口。

8. 安装杀毒软件，定期查杀病毒。同学们可以在手机上安装手机管家之类的杀毒软件，定期对手机进行杀毒。

005 从网恋回到现实世界

在互联网普及的当下，中小学生网恋早已不是什么新闻，但是，如何从网络回到现实世界，一直都是一个热门的话题。对正处在发育中的中小学生来说，互联网的普及、对异性的好奇、对屏幕前不曾见面的"他"或"她"的期待、对爱情的向往等，都让自己沉迷网恋，难以自拔。因此，中小学生如何走出网恋回到现实，一直是困扰中小学生家长和老师的难题。

小爱是一名六年级的学生，从小父母离异，缺少关爱。情窦初开的她很想尝尝恋爱的滋味。后经好友介绍，她通过QQ结识了21岁的梁某，两人在恋爱问题上一"聊"即合。聊了一段时间后，小爱决定与梁某私下见面。梁某将小爱约到宾馆，对其实施了性侵。

中学生小丽，因为学业课程繁重，经常在网上找陌生人聊天解闷。后来，她在网上认识了一名男子，每天跟他聊天，久而久之，竟对其产生了懵懂的情愫。趁着放假，小丽一个人偷偷跑到对方城市，打算与其见面，结果她被骗到了偏远的山村。该男子对她实施性侵后，将她卖到了人贩子手里；半个月后，小丽才被警方救出。

中学生黄某是班上的尖子生,可是最近她常常上课走神,频繁低头看手机,甚至会偷偷去网吧,期末考试的成绩也很不理想。妈妈找她谈心,才知道自己的女儿最近开始网恋,心思不在学习上。

其实,中小学生学业重、压力大,网上与陌生人聊天,初心是为了排解压力。可对于心思单纯的中小学生来说,他们容易相信别人,容易对他人产生依赖,也容易陷入网恋,稍微不注意,就可能会给身体、心理、精神甚至生命安全带来危害。

网恋对正在成长发育的中小学生来说,有诸多危害:

1. 不利于身体发育。网恋后常常想着对方,一直想跟对方聊天,甚至熬夜聊天;一旦失恋便会茶不思,饭不想,痛不欲生。这些都会给正在发育的中小学生身体带来伤害。

2. 危害心理健康。现在的中小学生普遍存在早熟现象,但是他们的心理承受能力有限。网恋失败,他们就会受到打击,很容易导致情绪崩溃,使他们性格变得更加内向、孤僻。

3. 学习成绩下降。网恋中的中小学生常常在课堂上走神,有些同学晚上熬夜聊天,睡眠时间不充足。时间长了,他们跟不上老师的教学进度,失去学习的乐趣,导致学习成绩下降。

中小学生应当如何走出网恋,回到现实呢?

1. 转移注意力。中小学生应当控制自己的上网时间,可以通过参加学校集体活动、加入学习小组等方式多与人沟通交流,通过与现实中人的社交来转移注意力,及时从网恋中抽出身。

2. 正确对待。中小学生正值青春懵懂,对爱情充满期待、憧憬,都是很正常的现象,网恋也是在成长过程中出现的环节,并不是心理或者道德上的错误。中小学生应当学会正确看待与异性交往问题,正确处理网恋。

3. 多沟通。多与父母、亲人沟通，聊聊自己的状态，谈谈自己的想法，心情不好了、压力大了，告诉父母或者老师，及时排解。

第八章
自然灾害，提前预防是关键

虽然我们无法阻止自然灾害的发生，但可以根据其发生的前兆、特点，积极采取有效措施，减少伤害。本章意在让中小学生了解各种自然灾害来临的前兆，掌握雷击、沙尘暴的防范措施，遇到洪水时如何自救，了解雪天如何防冻等。

001 关注预报提示，防范雷电天气

每年，都会有关于中小学生因雷击死亡的事故报道。之所以会发生中小学生被雷电击中伤亡事故，主要是因为中小学生缺乏雷电常识。我们无法让雷电消失，可以做的是，只能去认识雷电、避开雷电或利用雷电，防止被雷电击中，受到伤害。

一个周末，中学生王某与几个好友去户外爬山，原本阳光明媚，晴空万里，可当他们爬到半山腰时，突然，乌云密布，雷声隆隆。因为山上都是茂密的森林，无法躲避雷雨，于是，他们便一个劲儿地往山脚跑，可是，才跑一会儿，便开始狂风骤雨、电闪雷鸣，衣服全湿了。忽然，他们看见闪电把大树劈开了，吓坏了，开始在雨中狂奔。王某把包顶在头顶，企图挡雨，可是，同伴们看见一道闪电从王某头上劈过，全都吓得趴在地上了。等到救护车赶到现场时，王某已经死亡。

小学生小阳家住农村，他家住的是一层平房。他的屋子外面5米之外的地方有一根电线杆，隔不远的距离又埋了一根电线，他的床是陈旧的不锈钢床。2016年6月28日下午，雨下得很大，而且伴有雷电，小阳没事可做，便躺在自己的不锈钢床上睡觉。忽然一声巨雷在小阳的房间响起，父亲觉得不妙，跑到房间看见小阳被雷电击得昏迷不醒，家人一边采用泥沙护身的土办法救小阳，一边想办法联系救护车。可"120"还没到，小阳就已经不治身亡了。事后，家人发现，小阳房子附近的电线杆已经被雷劈坏了，电线杆上的配电盒也被击烂，小阳房屋的外墙上也被雷劈出一个40厘米大小的洞，虽然外墙没有被击穿，但在小阳房间的对应位置也有一个同样大小的洞，此洞刚好在小阳睡的不锈钢床床脚的地方。

第八章 自然灾害，提前预防是关键

郭宇和郭阳是一对双胞胎，两个人从来没有分开过，不管幼儿园、小学还是初中，一直都在同一所学校。上初中后，因学校离家比较远，两个人便开始骑自行车上学。一天早晨，俩人看见天阴沉沉的，有可能会下雨，俩人就带了一把伞，骑了一辆自行车去学校。放学时，外面已经下起了大雨。在兄弟俩看来，下雨天正是炫耀自己车技的时候，于是当别人都在学校等雨停的时候，兄弟俩便一人打伞、一人骑车，往家的方向走。郭宇骑着自行车，郭阳在后座打着伞，当两个人经过一个桥面的时候，突然遭到了雷击，俩人被雷电击死。原来，当时郭阳打的伞是一把金属柄的雨伞，雷电由伞尖导下，就连自行车的后轮也没有幸免，水泥桥面都被击出了一个面积近200平方厘米、深5厘米的坑。

无论是在户外还是家中，遇到雷雨天气时，中小学生都需要了解一些避雷常识，掌握常规避雷技巧，这样，才能在遇到雷雨时，避免不必要的伤害。

雷雨天气时，中小学生在室内和建筑物附近时，需要注意：

1. 关闭门窗。如果建筑物是钢筋水泥框架结构的，关闭门窗可以有效预防球雷和侧击雷。很多时候球雷会沿着建筑物的门、窗户、烟囱进入室内，在室内运动数秒以后逸出，逸出时很容易引起爆炸。

2. 雷雨天不宜在楼（屋）顶停留。很多情况下，雷击都是发生在建筑物的顶部，中小学生不能任意在屋顶或楼顶设置金属天线、晾衣绳等。

3. 不使用没有防雷设施的电器设备。由于避雷针只能对建筑物起到保护作用，对于沿架空电话线、电线侵入的雷电波却丝毫不能起到作用。因此，如果中小学生用的电器设备没有防雷设施，很容易发生雷击事故。

4. 雷雨天，远离建筑物的裸露金属物。在雷雨天，中小学生不宜接近裸露金属物，如煤气管、暖气管、水管等，专门的避雷针引下线更不能靠近，否则会危及自己的人身安全。

在户外遇到雷电天气时，中小学生应注意：

1. 不要躲在大树底下。通常情况下，当暴风雨来临的时候，人们会很自然地躲在大树底下，却不知道，尽管不会被雨淋着，却容易送上自己的性命。广东省遂溪县乌塘镇，雷雨天气时，十几名小学生一起躲在一棵大树下，一道响雷劈下来，导致6人重伤，2人当场死亡。

2. 身处旷野，不宜打伞。当突遇雷雨天气，中小学生处在空旷的野外时，不宜打伞，或者高举羽毛球拍、高尔夫球杆、锄头等金属物品。在旷野中避雷的时候，要摘下自己身上的金属物，并将其放在离自己几米远的地方。

3. 不进入岗亭、棚屋等低矮建筑物。低矮的建筑物往往没有避雷设施，而且绝大部分在旷野中。在较为开阔的地面上，低矮的建筑物属于较高的突出物，极易吸引闪电。

4. 不在水陆交界处或水面作业。在我国南方，特别是农村的日常生活中，人们经常会在水陆交界处及水面活动，雷击伤亡情况十分严重。由于水有较高的导电率，而水陆交界处正是水的电阻与土壤电阻的交汇处，于是一个电阻率变化较大的界面也就形成了，而这样的地方极易吸引闪电。2010年，广东省佛山市顺德区乐从镇的3名小学生在上岸的时候遭到了雷击，一名11岁的小男孩被雷击中，当场身亡，另外2人也倒在了地上。

5. 不要进行球类等户外运动。在雷雨天的时候进行野外、室外的球类活动，极易出现群死群伤的情况。在国外发生了很多起这样的雷击事件。比如，在马来西亚吉隆坡进行的一场足球赛中，就有4名球员遭到了雷击。

6. 不快速骑自行车、摩托车。在雷暴天气的时候，由于骑摩托车而遭到雷击的事故经常发生。骑摩托车的人会觉得摩托车的速度快，只要向前猛冲就可以免受雨淋了，可实际上，摩托车的速度即使再快也比雷电的速度慢。

7. 带上非金属防雨用具。中小学生很喜欢夏天外出郊游，而夏天是雷雨高发的季节。同学们在与朋友外出郊游时，最好带上非金属防雨用具，如塑料柄雨伞或木柄雨伞、塑料雨衣。

8. 不要在雨中狂奔。中小学生遇到雷雨天气时，一定不要狂奔，因为步子过大时，通过身体的跨步电压也会变大，这很容易导致遭受雷击。

9. 手机关机。中小学生在野外避雨时，一定不能使用手机，手机关机是最安全的状态。

002 洪水来临时的自我保护措施

洪水来势汹汹，危害面广，杀伤力大，人类、庄稼、房屋、桥梁等无一幸免。每年，因洪水失去生命者有之，被洪水冲毁房屋者有之。在洪水面前，人类显得弱小无助，生命变得脆弱无力。中小学生应当掌握洪水来临时的逃生技巧，学会选择避难场所。

2005年6月，黑龙江省宁安市发生洪灾，洪水灌满了沙兰镇中心小学一年级教室，几十个孩子此起彼伏地在没顶的洪水中挣扎。有几个男生被洪水冲到墙边，他们用手不停地挣扎，试图摆脱呼吸道灌满泥水的极端痛苦，然而大部分孩子没有成功。等到救援官兵赶到时，该班大部分孩子已经遇难。

2017年6月，某地突然遭遇大洪水，很多人在没有防备的情况下被冲出家门。五年级的小海和他的父母也被大水冲出了家门，在水里面挣扎着，情况十分危急。虽然当地政府防汛部门已经组织了大批的抗洪官兵赶到受灾区解救受灾群众，但因小海及其父母被冲到较远的地方，一时得不到救助。突然，又一阵洪流冲来，把小海和他的父母冲散了。因为在水中漂的时间太长，小海渐渐体力不支，命悬一线，小海拼命抓住一块被洪水冲来的门板，漂了很久，最终被抗洪官兵成功救起。

洪水是一只凶猛的怪兽，每年都会有人在洪水中失踪，中小学生在洪水面前更是弱小无力。亲爱的同学们，你是否想过：遇到洪水时，怎样让自己活下来？当气势汹汹的洪水向你冲来时，你应该怎么办？为了在遭遇洪水时，保护自己不受伤害，中小学生应当学会在洪水发生时逃生的技巧。

在遇到洪水灾难时，中小学生要会辨别哪些是安全的避难场所。

1. 地势较高的高层建筑物、平坦的楼顶。

在城市中，洪水较大时，下水道堵塞、水来不及流走时，洪水会淹没车库以及底层房屋。此时，高层建筑物的楼顶是一个不错的避难场所。

2. 地势较高或有牢固楼房的学校、医院。

学校、医院的卫生条件较好，交通比较方便，并且能很好地与外界联系。因此，它们是比较安全的避难所。

3. 离家近、地势高、条件较好的公园。

一般公园设施都比较齐全，交通也比较便利，可作为避难所。

遭遇洪水时，中小学生如何逃生？

1. 抓住漂浮物或往高处跑。

中小学生遭遇洪水时，如果家中进水，要及时切断家中电源，拉下电闸，谨防触电；被洪水冲走时，要尽量抓住树枝、木头、木盆等漂浮物进行自救并大声呼救；在洪水中逃生时，要与家人结伴而行，要从低洼处向高处跑，必要时，可以选择爬到大树上；被洪水堵在家中，来不及逃跑时，可以选择爬到屋顶或其他高处并大声呼救。

2. 谨慎下水。

中小学生不能在不知水情的情况下，冒险下水。洪水发生时，水中会有漩涡、暗流等，这些都极易对人造成伤害；碰到倒塌的电线杆上的电线会有触电危险；上游冲下来的漂浮物也很有可能将人撞晕，导致人溺水身亡；可能会被毒蛇、毒虫咬伤……因此，中小学生要提高警惕，谨慎下水。

3. 主动寻找生机。

中小学生在被洪水卷走后要保持头脑清醒,尽快抓住水中的漂浮物或岸边的树根、树杈使自己脱险,学会利用床板、门板、木箱进行水上转移;可以用手电筒、哨子、旗帜、鲜艳的床单和衣服等物品发出求救信号,以引起营救人员的注意。

4. 远离危险区域、危险物品。

发现高压线铁塔倾倒、电线低垂或断折时,要远离避险,不可触摸或接近,防止触电;遇到水流过快的地方要绕行,或者多人拉手结伴行走;不要躲在高大的树下或爬到山顶,以免遭雷击。

003 大雪来临时,要科学防冻

俗话说,瑞雪兆丰年。在冬季干燥的北方地区,下雪可以降低空气污染、减少各种病菌的数量、净化空气、增加空气湿度。但下雪也会给人们的生活带来不便,如路滑导致出行不便,压毁房屋,甚至诱发疾病。中小学生正处于发育阶段,可能会难以抵御寒冷,出现冻伤、生冻疮等问题。因此,中小学生在大雪来临时,应当学会科学防冻,以免被冻伤。

六年级的莉莉很喜欢看韩国电视剧,特别喜欢模仿剧中演员的穿衣风格。看见电视剧里的韩国女演员总是穿着厚厚的羽绒服,搭配短裙和打底裤,配一双小白鞋,所以冬天的时候,莉莉也如此打扮。但是,刚一出门,莉莉就觉得小腿非常寒冷,她觉得走一会儿可能就好了。可是走了十几分钟,就发现自己的腿已经被冻得没有知觉了,鼻涕不停地流。等她转身走回家时,觉得自己的头很晕。第二天,莉莉发高烧了,在家休息了一周。

三年级的小敏家住东北,她很喜欢玩雪,总是不戴手套,徒手与小伙伴堆雪人、打雪仗,只要雪一天没化,她就一天不好好在家待着。妈妈怕她的手冻伤,总叮嘱她戴着手套玩,还告诉她本地的冬天很长,没有必要每天都去雪地里玩。小敏觉得戴上手套不方便,而且她觉得冬天虽然长,但是雪天可不长。于是,她依然每天去雪地里玩。有一天,她回家后,妈妈看见她的双手被冻裂了,之后她才告诉妈妈,手已经裂口很多天了。

刚上一年级的小刚家住南方,南方的冬天既潮湿又寒冷。今年冬天,连续下了好几场雪,温度极低。一天,小刚觉得自己的耳朵很痒、很难受,他便告诉妈妈,妈妈看了,才发现原来小刚的耳朵后面长了冻疮。

漫天飞雪有多美,天寒地冻就有多冷。寒冷的下雪天,中小学生若是不注意防寒保暖,很容易导致双手被冻伤、耳朵长冻疮、冻感冒。因此,中小学生在大雪来临前,应该学会保暖。以下是中小学生科学防冻的几点方法和建议:

1. 头、脚、腋下注意保暖。冬天外出时,头部戴着帽子可以起到一定的保暖作用;外套尽量穿一些保暖性较好的羊绒及羽绒制品;双脚是全身气血运行的重要部位,离地面也是最近的,在雪地上走,鞋子很容易被打湿,鞋里面也因为出汗而容易潮湿,脚也很容易被冻伤。因此,要选择不容易被打湿的、舒适保暖的鞋子,要保持鞋袜干燥;长时间在室外站立时,要时不时地活动一下;冬季居家时,要选择有脚后跟的棉拖鞋。

2. 加强锻炼。中小学生会因为天气寒冷赖在家里，懒得出门，这对身体发育是有害的。加强锻炼可以增强中小学生的抵抗力，还有利于提高中小学生对寒冷的适应能力。

3. 衣服不宜穿太少或太多。在寒冷的冬季，有些中小学生为了追求时尚，只穿很薄的衣服；有些则因为怕冷，穿了一层又一层，把自己裹得像粽子一样。其实，衣服的保暖程度与衣服内空气层的厚度是有关系的，如果衣服穿得过多，致使空气层的厚度近乎为零，保暖性反而会差一些；穿过少的衣服，病毒就会乘虚而入，导致感冒。因此，冬季穿衣时，一定要保持适宜的厚度，不宜过多，也不要穿得太少。

4. 围巾、衣领科学使用。中小学生外出时，要戴上帽子、围巾、手套、耳罩等，围巾和衣领不能裹得太紧，以免呼吸不通畅，导致脑供血不足；不能把围巾、衣领当作口罩，挡住嘴巴，以免围巾或衣领中的纤维或病菌随呼吸进入呼吸道，造成呼吸道感染。

5. 科学取暖。冬天，室外室内的温度会相差很多，中小学生在从室外受冻过久进入室内时，不要立即靠近火炉取暖，不能把手放在热水里浸泡，不要立即用热水洗澡。对于手、脚、耳朵等容易长冻疮的地方，要经常进行按摩并采取一些预防措施，比如随时活动手脚、手搓耳郭部位等。

004 沙尘暴袭来时的防护措施

沙尘暴是一种拥有巨大破坏力的灾害性天气，是沙暴和尘暴的统称。它主要指强风把地面大量的沙尘吹起来并带入空气中，使空气出现浑浊，水平能见度小于一公里的天气现象。沙尘暴常发生在我国西北地区和华北北部地区。沙尘暴能造成房屋坍塌、通信中断、火灾、人畜伤亡、环境污染等灾难。中小学生在沙尘暴袭来时，应当采取一些防护措施，保护自己。

一天放学时，外面狂风大作、漫天飞沙，因家住得比较远，中学生张某想在天没黑之前回到家。他想从教室跑到学校门口，过马路，走到公交车站台，也就三四百米的距离，于是他戴上口罩、帽子冲出了教室。因看不见马路对面的红绿灯，他就直接往马路对面跑，结果被一辆私家车撞飞，当场死亡。

六年级的学生王某有过敏性疾病。有一次，外面出现沙尘暴，他不想请假，于是戴着口罩、帽子去学校。等他到学校坐下之后，他感觉浑身发痒，难受极了。不一会儿，他感觉身上开始起疙瘩，浑身发烫，就举手报告了老师，老师立刻把他送到医院，医生诊断：由于王某本身患有过敏性疾病，而沙尘暴不仅细菌数量多，而且种类繁多，导致其皮肤过敏。

三年级的素素,一天独自在家,突然看见外面漫天黄沙,非常壮观,便跑到阳台打开窗户观看,素素觉得灰尘味太重,就把纱窗拉上,继续留在阳台观看。半小时之后,她没关窗,直接趴在沙发上看电视,不一会儿就睡着了。等父母回来,发现她额头很烫,还以为她发高烧了,急忙送她去医院。到医院检查之后发现,素素因为吸入了大量的沙尘,呼吸道被轻微感染,发热只是一种临床症状。

面对沙尘暴时,中小学生要学会科学防护,以免给自己的身体带来伤害。以下是在各个场合遭遇沙尘暴时,中小学生可以使用的防护措施:

1. 在家中筑起沙尘暴的防线。中小学生身处家中,外面有沙尘暴时,要尽可能待在家里,不外出;要关好门窗,并用胶带封好门窗缝隙;房间能见度变低时,要及时开灯照明,以免发生碰撞;准备好风镜、口罩等防尘物品,以备不时之需。若是从外面回到家里,要先把身上的灰尘拍打下来,并及时擦拭落下的灰尘。

2. 外出务必要谨慎。沙尘暴天气外出时,我们要戴好防护口罩及眼镜,或在面部罩上纱巾,系好袖口和衣领;要远离危墙、危房、高大树木、广告牌匾及护栏,尽可能远离各类施工工地;要认真观察交通情况,在能见度低时,骑车的同学要下车推行;不宜戴深色的墨镜。

3. 野外防护不惊慌。中小学生在野外遭遇沙尘暴时,一定不要惊慌失措,随意乱跑,要趴在相对高坡的背风处,或尽快就近蹲在背风沙的矮墙处,并用手将牢固的物体抓住;要将自己的头部用衣服蒙起来,以免将过多的沙尘吸入肺部,危害自己的身体健康;不宜贸然行走,以防迷路;不宜在沟渠旁行走,防止被大风吹落到水中;不能躲在低洼的地方,以免被堆积的沙尘埋没。